享受创业

How to Be an Overnight Success

——殿堂级护肤品牌的成长故事

[英] 玛丽亚·哈茨斯特凡尼斯 著
(Maria Hatzistefanis)

朱天乐 译

SPM
南方出版传媒
广东经济出版社
·广州·

图书在版编目（CIP）数据

享受创业：殿堂级护肤品牌的成长故事／（英）玛丽亚·哈茨斯特凡尼斯著；朱天乐译. —广州：广东经济出版社，2021.1
ISBN 978-7-5454-5943-2

Ⅰ. ①享… Ⅱ. ①玛… ②朱… Ⅲ. ①化妆品—工业企业管理—经验—英国 Ⅳ. ①F456.167

中国版本图书馆CIP数据核字（2020）第052523号

版权登记号：19-2019-185

责任编辑：刘　倩　林跃藩
责任校对：黄思健
责任印制：陆俊帆
封面设计：高云柯　杨晨尧

享受创业——殿堂级护肤品牌的成长故事
XIANGSHOU CHUANGYE——DIANTANGJI HUFU PINPAI DE CHENGZHANG GUSHI
[英]Maria Hatzistefanis（玛丽亚·哈茨斯特凡尼斯）著　朱天乐译

出版人	李　鹏
出　版 发　行	广东经济出版社（广州市环市东路水荫路11号11～12楼）
经　销	全国新华书店
印　刷	广东信源彩色印务有限公司 （广州市番禺区南村镇南村村东兴工业园）
开　本	880毫米×1230毫米　1/32
印　张	7.25
字　数	142千字
版　次	2021年1月第1版
印　次	2021年1月第1次
书　号	ISBN 978-7-5454-5943-2
定　价	58.00元

图书营销中心地址：广州市环市东路水荫路11号11楼
电话：（020）87393830　邮政编码：510075
如发现印装质量问题，影响阅读，请与本社联系
广东经济出版社常年法律顾问：胡志海律师

目录

CONTENTS

CONTENTS

导语

我是如何一夜成名的

我一直以为风暴的中心应该很平静，然而，当我真正置身于其中时，才发现自己大错特错。我的手机一直响个不停，一会儿是某个电视节目或者某本杂志的访谈邀请，一会儿是订单商谈或者办公室的事务，一会儿是某个明星的经纪人想要埃利·古尔丁（Ellie Goulding，英国著名歌手）和卓丹·邓（Jourdan Dunn，英国著名模特）日常用的精华。我一边手忙脚乱地接着电话，一边拦出租车，手里抓着挎包、产品小样，还拿着一杯咖啡——我得赶飞机从伦敦去纽约参加一个电视访谈节目和新品发布会，顺带还有一个合同要签。

这一切忙乱都是因为我研发了一种蛇毒精华化妆品，还有让我一夜成名的柔黛（Rodial）化妆品公司。

每一个认识我的人都在问："你是如何做到一夜成名的？"

其实，我自己也没想到。说实话，我喜欢这种感觉，我渴望获得成功，但是我没想到幸福来得如此突然。《VOGUE服饰与美容》（*VOGUE*）杂志正在等我的产品价格资料；由于明星的推荐，粉丝疯狂抢购，我们的化妆品都是一上架就被抢购一空。一家谈了没多久的德国经销商已经决定邀请我去德国，他们想要立刻和我签约，购买我的蛇毒精华，而且第一个订单就要上万件。欧洲的一家电视台也正在播放我的化妆品广告，他们拍了一期使用前、后的真人对比视频，展示蛇毒精华神奇的抗衰老效果。

我们的产品也卖到了欧洲的其他地方，有一家大型商场在其200多家连锁店里摆放我们的产品，而且在收银台旁边摆上橡胶玩具蛇进行宣传。这个主意很赞！在机场休息室，我拿起一份《星期日泰晤士报》（*The Sunday Times*），结果发现整个头版的内容都是我的创业故事。

有点没完没了的感觉。

飞机很快就要起飞，我关掉了手机，终于能享受片刻的宁静。然而，我忽然想到，我并非身处风暴中心，我就是风暴中心。所以，风暴中心确实很平静——若我平静，一切便波澜不惊。这种感觉无与伦比，也正是我创业伊始的追求。

在英国的哈罗德（Harrods）、哈维·尼克斯（Harvey Nichols）和Space NK（英国著名美妆集合店）等各大百货商场里，我们的产品完全供不应求，都是一上架就售罄，在纽约第五大道的各家商场中也是同样的情景。这意味着我得给工厂回电话，批准他们提出的加班申请，但是，即便他们用上周末和夜晚的时间，7×24小时开足马力也满足不了雪花般飞来的订单。电话一个接一个，我感到分身乏术。

越来越多的明星想要试用我的蛇毒精华，所以我不停地接到她们的公关或经纪人的电话。办公室那边刚刚来电说已经接了一堆VIP

盛典组织方的订单，都是要用我们的产品做宾客的伴手礼。今晚我要和波比·迪瓦伊（Poppy Delevingne，英国名媛、模特、演员，也是香奈儿和范思哲的品牌形象宣传大使）共进晚餐，去的路上还要先顺带去中央圣马丁艺术与设计学院（Central Saint Martins College of Art and Design）出席一个活动。

正想抽空在Instagram（照片墙）上发一个动态，又有电话进来……好吧，赶紧发完接电话。电话是《天桥骄子》（*Project Runway*）摄制组打来的，提醒我下周要去纽约录节目。差点忘了，我是导师，还要指导选手。（《天桥骄子》是美国一档收视率很高的真人秀节目，旨在为设计师提供一个展示自己精湛设计才华和独特审美的机会，节目开播以来屡次获得艾美奖提名，并荣获文化成就奖。）

一切都进展得很顺利。

为了提升品牌形象，我一直在和艾琳·欧康娜（Erin O'Connor）、黛西·罗易（Daisy Lowe）及凯莉·詹娜（Kylie Jenner）等几位超级名模合作，而且和玛丽·卡特兰佐（Mary Katrantzou）、大卫·科马（David Koma）和亨利·霍兰（Henry Holland）等著名设计师都成了好朋友。我在世界各地飞来飞去，在伦敦、纽约、拉斯维加斯和东京等各大城市出席各种媒体活动并致辞。

我是玛丽亚·海兹斯特凡尼斯（Maria Hatzistefanis），柔黛集团（Rodial Group）的创始人兼首席执行官（CEO）。公司旗下现有两个非常著名的品牌：柔黛（Rodial）和NIP+FAB。目前公司产品遍布全球35个国家和地区，超过2万家商场有售。

回到开始的那个问题：我是如何一夜成名的？

我写这本书的时间是2017年，可是我开始创业的时间是1999年，我的一夜成名花了整整18年。

我们还见过其他很多一夜成名的例子。比如，iPod不就是突然问世，一下子占据了MP3播放器的市场么？推特（Twitter）也是在极短的时间里改变了社交媒体的面目。另外，还记得《愤怒的小鸟》吗？一夜醒来，周围所有的人都在玩这个游戏。

但是，事情远不是看上去那样简单。

iPod在2001年就已经面世，但开始的时候并不成功，购买者寥寥无几。直到2004年，iPod推出第4代产品才突然获得市场青睐，迅速崛起。推特的创始人是比兹·斯通（Biz Stone），在创建推特之前，他已经在博客和手机产品领域摸爬滚打了8年之久。《愤怒的小鸟》的发行公司罗威欧（Rovio），此前已经开发过大约50种游戏，在《愤怒的小鸟》游戏火爆之前濒临破产。

唯一的例外可能是YouTube（注：视频网站），但是，即便

YouTube是一夜成名的，其从成名到盈利也还是花了整整5年的时间。对于一个品牌来说，比追求迅速走红更重要的是找到一个可持续的商业发展模式，否则，一夜成名往往也就意味着昙花一现。

提高品牌的曝光率不是一件容易的事。很多人都会有这样的问题："为什么我的品牌关注度那么低？"甚至是一连串的问题"我的产品怎么销量这么差？我这是怎么了？我是不是放弃算了？……"要记住，这不是在和别人比赛，你只要做好自己，如果成功的机遇到来，你必须确保自己已经做好了一切准备。你必须对自己的产品和客户都了如指掌，在品牌的内涵和外在信息的传递上表里如一，产品在媒体上和网络上有辨识度，才能给人们留下印象。

多年辛劳才能换来一夜成名，而且在成功之后也绝不能小富即安、止步不前。作为一个创业者，事业没有顶峰，成功没有止境，必须不断扩大自己的事业，加大投资，持续开发更好的新产品和新服务。

我将和大家分享我的创业故事，告诉大家我是如何通过努力获得今天的成就的。在我职业生涯开始的时候，我并不确定自己想要做什么，我换过三次工作，而且最后一次是被炒了鱿鱼。创业过程中我犯过很多错误，做过很多抉择，一路也收获着大大小小的果实。我经常读一些成功女性的传记故事，从这些坚强的女性身上汲取力量。我也希望可以传递同样的信息，用我的故事激励读者，告诉大家怎样坚定信心、勇敢面对，克服各种挑战。

即使整个世界与你为敌，你也要坚持自己的梦想；即使所有人都怀疑你，你也要相信你自己。本书只是一个女孩追逐梦想的经历，并非通往成功的教科书，但是，这段经历是我丰富多彩的人生的一部分，因为它不仅是一段创业历程，更是一段生命旅途。从开始创业到现在，我从各种挑战和机遇、挫折和突破、失败和成功的交织中一路走来。

在创业的路上我会遇到很多阻碍，周围的人会打击我、质疑我，他们会不停地对我讲：

“化妆品行业竞争太激烈，你肯定竞争不过别人。”

“你没有化妆品行业的从业经验。”

“你的产品没有特色，一定会失败。”

“听起来不错，但是我们没兴趣。”

“我看不出你的品牌和别的品牌有什么不同。”

“你竞争不过其他大品牌。”

……

要说这些消极言论完全没有影响到我那是撒谎，这些话有时候确实让我很泄气，但是我始终对我的产品很有信心，我相信它们与众不同。时不时我也会受到鼓励，这些积极的话语会将那些消极言论造成的影响一扫而空。最幸运的是，我的家人对我始终充满信任，他们坚定地给予我支持，让我勇敢面对一切挑战。

我实现了自己的梦想，我希望我的创业经历能够给你们一些启发，让你们也可以梦想成真。我不会故意粉饰那些困难，在阅读中你们会有自己的评判。我相信我所选择的这条路给了我最大的回报，充实了我的人生。（当然，我此生最大的财富是我的家人和孩子。）虽然前进的道路上会有艰难险阻，但是我始终坚信，只要你坚定信念勇往直前，这条路也会带给你无限乐趣。

很多人可能会说“我天生不是这块料”，实际上，我从来都没觉得自己是个能创业的人。此前我从未想过要开创自己的事业，我一直觉得那些企业家们要么是有非凡领导能力的超人，要么就是那种上小学时就已经显露出娴熟的销售才能、年纪轻轻就能掌控多家企业的天才。我不是天生的企业家，也从未想过自己能成为他们那样的人，但是当我接触到的所谓“企业家”越来越多时，我越发认识到他们每一个人其实都完全不同。没错，他们都有追求、很勤奋，而且充满激情，但是在性格、背景和目标上每个人都有各自独特的方面，他们都是和你我一样的普通人。

创业激情不是与生俱来的能力，而是我们在人生旅途中获得的财富。我不敢说我有这样的能力，但是我知道我对自己的产品充满热爱，始终满怀干事和创业的激情。

我写作本书的目的是激励读者追寻自己的梦想。如果你刚刚步入职场，希望获得事业上的提升，或者正在考虑跳槽，自己创业，又或者只是为了实现自己的人生价值，做最好的自己，那么我希望我的故事能够给你带来启发和帮助。在每一章的结尾，我会从创业的实际出发，给出一些具体的、可行的意见和建议，我把它们称为“一夜成名小秘诀”，希望它们能够帮助你实现事业的腾飞，取得成功。实际上，我在前文已经澄清过，并没有“一夜成名”这样的好事，但是这个标签很能吸引眼球，不是吗？

虽然我已是风暴的中心，但我的创业之路仍在继续，需要学习的东西还有很多……成功没有灵丹妙药，这本书当然也不是，我只希望读者能从我的经历中汲取到一些有益的东西，到达你们人生的巅峰。

一

启程

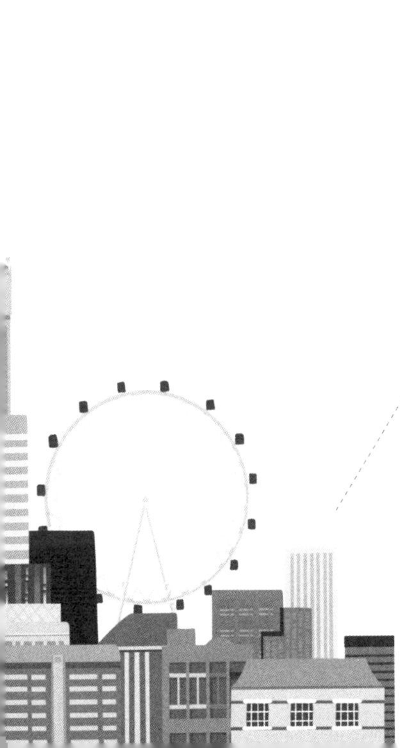

对于我踏入化妆品行业之前的那段经历，知道的人寥寥无几。那么，这一切是怎么开始的呢？

我的故乡是希腊的一个小镇，我小时候就对时尚很感兴趣，从7岁起就经常看时尚杂志，它们是我的精神食粮。每个星期，在放学之后去上钢琴课或者法语课的路上，我都会顺路从小镇的报摊上买一本杂志。我对杂志里的那些漂亮衣服很着迷，也经常尝试把自己打扮得美美的。我知道自己不是那种很好看的女孩，而且还戴近视眼镜（不是我现在戴的那种专门设计的时尚眼镜），但是我始终觉得我和班级里其他的女孩子不一样。

另外一个让我很感兴趣的是化妆品，我祖母在这方面对我影响很大，她用橄榄油、蜂蜡和石榴汁等原料自己调制护肤霜。她的护肤霜既不好闻，也不好看，但是似乎很管用，因为我祖母的皮肤几乎完美无瑕。

我拥有的第一件化妆品是一支草莓味的，装在小小的滚珠玻璃瓶里的唇彩。我清楚地记得，当时我一分钟要拿出来涂好几次。我很迷恋美妆，所以绝不会放过时尚杂志里提到的任何关于美妆方面的小知识，比如：在头发上涂抹柠檬汁然后在太阳底下晒一会儿，希望得到挑染的效果，现在看来这真是傻得可爱；会用蜂蜜和糖擦洗皮肤，甚至自制酸奶面膜以缓解皮肤晒伤；等等。在我成长的那个地方，只能买到最基本的化妆品，于是我从我的亲身经历中明白了“需求是发明之母”这句话的含义。大概是因为我对美的这份迷恋，我的女同学们都会来向我讨教化妆的小诀窍，于是我就开始了一些创新。我独创了用牙刷涂抹凡士林来卷睫毛，将妮维雅面霜和唇彩混合起来当腮红……为了看起来美美的，我这个十几岁的小姑娘绞尽脑汁。

然后，大概是在我15岁的时候，我期待已久的事情终于到来：小镇上开了一家漂亮的倩碧（Clinique）品牌化妆品专卖店，这让我欣喜若狂。不过，让我着迷的不仅仅是那些漂亮的化妆品本身，还有那些店员，她们打扮入时，肌肤洁白无瑕，还有完美的唇彩和眼线，如同女神一样。我被她们迷得神魂颠倒，我能一直站在那儿，呆呆地看着她们。

当然，这些不是我生活的全部，我每天照旧上学，认真学习。虽然我对学习的内容没太大兴趣，但是成绩还不错，我明白自己必须努力完成学业，这是美好生活的基础。后来我考入了希腊的雅典大学，主修英国文学。我离开生长的小镇，来到了大城市，看到周围都是品牌商店，摆着琳琅满目的化妆品，只要有钱就可以买到，但是摆在我面前的事实是——没有钱。所以，我需要一份工作，但我想要的不只是一份简单的工作，我希望在每天的莎士比亚著作和拉丁语学习之外做一点更有趣的事情。于是我想，不如发挥自己的特长去做一名时尚记者。前文提到我一直在读很多时尚杂志，而且是从头到尾、一字不落，我知道那些文章中的每一个名人，对各个专栏和作者的情况都如数家珍。我最喜欢的杂志是《十七岁》（*Seventeen*），还有《VOGUE服饰与美容》（*VOGUE*）、《艾丽》（*ELLE*）和《魅力》（*Glamour*）等其他各国著名的时尚杂志。在我看来，希腊版的《十七岁》的图片中缺少了其他那些杂志里经常呈现的一些比较前卫的特质，比如机车夹克和马丁鞋等。

我觉得如果《十七岁》能够在模特照片的拍摄上做一些改进的话，一定会有收获。于是，我给他们写了一封信，提了很多建议，以及如果我能成为他们中的一员，我将如何发挥自己的特长。我把信发了出去，但是并没指望会收到回复。

出乎意料，没过几天我就接到了他们的电话，《十七岁》杂志的主编想听我详细谈谈我的那些想法。我始终认为要给人留下表里如一的印象，因此我一身黑色装扮，穿了一件皮夹克去见主编。我和他讲了我的具体情况：我正在上大学，但是有充裕的时间做兼职，而且很希望能为《十七岁》杂志工作。他们竟然同意了！一切就是这么突然。

于是我开始构思，之后得到主编的批准，把它们变成故事。一个月后，我在杂志的《新少年》（*New Teenager*）版块里发表了整整两页纸的内容，讲述少男少女的衣着品味、购物习惯和交流方式等。我对流行事物一直有很敏锐的洞察力，所以我的文章收获了很多关注和评论，算是首战告捷吧。在为《十七岁》杂志工作的那段时间里，我做了很多不同类型的主题，每一个我都很喜欢。

或许今天我还在写一期关于某款新鞋的故事，并为图片拍摄寻找外景地，第二天就要做一个衣服品牌推介，和专业摄影师衔接拍摄事宜。有时候上午采访某个明星的化妆师或者模特，然后一整晚泡在各种派对上搜集社交板块的素材。当然，在这些工作之外，我还得时不时挤出时间完成学业，比如写一篇关于莎士比亚的论文。在为《十七岁》杂志工作的那段时间里，我一直都是全身心地投入，对于每一项工作我都不会止步于圆满完成，我的目标始终是锦上添花。

就是在那个时候，我开始对化妆品行业有了更具体的了解，我会采访一些明星，了解她们在造型、化妆品使用等方面的细节，也正是在那个时候，我开始有了投身化妆品行业的念头。我当时觉得，身边所有的化妆品都很单调乏味，没有创新，虽然品牌很多，但是产品雷同，就是一些基本的洁面皂、爽肤水和润肤霜等。

当时脑中闪过的一时之念，却成了我后来事业的燎原之火。

那个夏天去纽约的一次旅行成了我人生中最大的转折点。我之前从未到过纽约，从肯尼迪机场到曼哈顿的途中，我的内心感受到了深深的震撼。那些高耸入云的大楼、四周的行人，都散发出一种力量。在纽约，一切皆有可能。你可以成为你想成为的任何人，而我知道，在我生命中有一些更重要的事情正等着我。我没有签证，没有工作，在纽约也没有朋友，但是我知道这里有我的未来。我要去纽约。

一夜成名
秘诀之一

确定你内心所爱

你是否正在追逐梦想的旅途中前行？这个城市、这个大学或者这份工作，是你想要的吗？我开始的时候主修的是英国文学，后来做了一段时间的杂志记者，最后毕业的时候还获得了商学学士学位。我的成功之路并不是一帆风顺的，在确定最想要做什么之前我也做过很多不同的工作，当然，我不是说可以随便找个工作然后无谓地浪费时间，对于我生命中的每一份工作，我都全心全意地付出，直到发现我更想做的事。

迷途知返永远都不晚。想一想是什么激励了你、给予你动力。对你所从事的工作要有激情，既然做了就敞开胸怀，没有激情就创造激情。但是，对自己也要诚实，不要自欺欺人，激情熄灭或许意味着要做出新的抉择。

若真心热爱，自会甘之如饴，这是老生常谈的话，但是确实很有道理，不是吗？有时候你需要静下心来，问自己几个问题：

1.对于你现在所在的行业你是否有激情？

2.你每天上班时的心情如何，是激动还是害怕？

3.你是否愿意在现有的工作上努力付出，追求成功？

4.你是否幻想过从事另外一份工作？

5.你是否曾被其他行业（工作）的人所吸引和激励，并希望自己能像他们一样？

6.如果你现在没有工作，你最想做的是什么？

7.你是因为什么而从事现在的工作的？

8.假如你现在可以换一份工作，并且不会有任何不利后果，你会换吗？

9.如果你要换工作，你会在意别人的反应吗？

10.对于你现在的工作，你能否看到20年后的自己？是不是你想成为的那样？

问问自己的内心，自欺欺人毫无意义。

生活中我们害怕改变，经常会为自己找理由。如果你仔细思考过我上面列的问题，发现你现在的工作已经很乏味，那么可能是时候做出改变了，至少你需要深刻分析、重新认识。生命只有一次，但是选择不止一个，我们需要让生命值得，让自己快乐。

不管你是刚刚步入职场还是已经工作了十几年，选择从来都不晚。我花了11年的时间，换了很多工作，最后才明白我最擅长、最喜欢的事。如果你对现在所从事的工作毫无兴趣，那么这种状态会慢慢吞噬你的灵魂，工作之余的周末、假期以及加薪等都不会给你任何慰藉。梦想总是要有的，也值得追寻，相信自己。莫待将来，不悔过往，你唯一拥有的，只有现在。

二

我被解雇了。

那又怎样?

史蒂夫·乔布斯（Steve Jobs）曾经被解雇，但是当他再次归来，他用iMac、iPod、iPhone和iPad颠覆了各个行业。迈克尔·布隆伯格（Michael Bloomberg）也曾经被解雇，但他后来建立了布隆伯格商业帝国，还当上了纽约市市长。安娜·温图尔（Anna Wintour）说过一句名言："**我认为每个人的一生中都应该有至少被炒一次鱿鱼的经历，这有助于人们认清自己。**"［译者注：迈克尔·布隆伯格，彭博有限合伙企业创始人，曾任纽约市市长，位列《福布斯》杂志2016年度"美国400富豪榜"第六位。安娜·温图尔，*VOGUE*杂志美国版主编，《穿普拉达的女王》（*The Devil Wears Prada*）中的女王米兰达的原型。］

我在雅典大学学习期间还拿到了英语文学学士学位，也开始涉足时尚杂志，但是后来我决定做一份"真正"的工作，于是去纽约继续求学，而我的商学学士学位助我实现了这一转变。我当时的男朋友、现在的丈夫——斯特拉蒂斯（Stratis）也在纽约上学，他给了我很大的支持。我向父母借了第一年的学费和生活费，来到纽约，开始在哥伦比亚大学商学院攻读工商管理学硕士（MBA）。这是我人生中最美好的时光之一，虽然每天的学业很繁重，但对我而言是美梦成真，所以我并不觉得疲惫。纽约充满机遇，散发着力量，从来到这个城市的那一刻起，我明白一切皆有可能。

两年后我毕业了。我首先需要找一份工作还清大学期间的贷款。对于MBA毕业生来说，当时工资高的去处是华尔街的那些投资银行，那些银行的年薪高达数十万美元，年终还有各种分红。我对银行业务并没有兴趣，但是我需要钱，而且我觉得我获得的常春藤学校MBA学位足以让我在求职时有更大的优势。于是，我决定给各大银行投求职简历。

银行业的工作是什么样子的？如果你看过莱昂纳多·迪卡普里奥（Leonardo DiCaprio）主演的电影《华尔街之狼》（*The Wolf of Wall Street*）就会有一个简单的了解。我一直是个吃苦耐劳的人，我也喜欢钱，希望能赚很多的钱，穿着设计师专门设计的衣服，全世界飞来飞去……我拿着简历，自信地迈进华尔街的各大银行，希望他们录用我，然后立刻投入工作。可是，每一家银行都拒绝了我。

仔细想想这太正常了，因为我并没有任何银行业的从业经历。不过，我不是个轻易就放弃的人，有着百折不挠的精神。我继续一家一家敲门投简历，我的努力终于使我收到了回报：所罗门兄弟（Salomon Brothers）公司录用了我。（**译者注：所罗门兄弟公司曾为华尔街著名投资银行，1910年成立，20世纪末被花旗集团兼并。**）那时候我只是感到惊喜，可现在看来这简直不可思议，我都不知道我是怎么让他们相信我愿意为投行事业奉献终生的。

现在我是华尔街的一分子了，不过，实事求是地讲，我之所以进入投行，不是因为我有什么和数字打交道的梦想，而是纯粹因为这个行业的光环和电影里银行家的那种生活方式吸引了我。我幻想着能与迈克尔·道格拉斯（Michael Douglas）和查理·辛（Charlie Sheen）[**译者注：两人都是著名演员，共同出演过银行业主题的电影《华尔街》（*Wall Street*）**] 共进晚餐，过一种快节奏的、激动人心而又充满魅力的生活。事实证明，我对真正的投行人的生活一无所知。

我的工作地点是所罗门兄弟公司在伦敦的分部，那段经历真是令人永生难忘：我必须在一个属于男人的世界里生存下来。伦敦分部的职员基本上都是男性，女性屈指可数。投行业的企业文化是比拼谁下班更晚、上班更早、睡眠最少，还有谁连续上班不放假的时间最长。

在这样残酷的环境里，我不再有圣诞假期，每个周末都在加班，没有了属于自己的时间，也没有了朋友。

两年后，我对这份工作的激情，包括生活的乐趣，都开始消退，刚开始买一件普拉达（Prada）或者坐商务舱出差的那种惊喜早已荡然无存。虽然收入很高，但是这终究是一个男性的世界。于是，我开始懈怠，工作节奏也慢了下来，开始到点下班，周末也不加班，而且我居然开始休假了!

后果显而易见，几个月后，我被解雇了。虽然是意料之中的事，但是依然对我触动很大。

那是1999年，我人生中第一次丢掉了工作。我觉得很迷茫，不知道接下来该做什么，当时也没有想过我的生活会从此彻底改变。

一夜成名
秘诀之二

跳出你的安乐窝

安乐窝中绝不会有成就事业的土壤。失去一份你不喜欢的工作并不是什么坏事，而且通常来说，被炒鱿鱼都是有原因的。当然，我也见过不少热爱工作、激情满满，而且能融入企业文化的人被辞退，有时生活就是如此。如果被辞退，你可能要仔细反思一下：是不是自己入错了行？工作的时候是不是做一天和尚撞一天钟？每天是不是不想上班？是不是很反感公司的文化和理念？是不是你觉得所在的职位不适合你？但不管什么原因，你都应该重新审视一下自己，想想自己想要做什么。你可能会认识到你想要从事一份全新的工作，这次离职是一个提醒，是你这一生中遇到的最佳机遇。

在我看来，找到新工作之前有一段空闲期是件好事，这段时间可以整理一下思绪，评估一下状况，找对目标，这样在重新开始之后或许就能很快获得成功。塞翁失马，焉知非福。有时候我们迷失于烦琐的工作之中，没有时间自我审视，这段时间可以问一问自己：你快乐吗？这是你想要的生活吗？或许经过这一段时间的沉淀之后你突然明白，你已经在错误的道路上走了很远，必须换个方向，重新开始。

当然，并不是一定要在被炒鱿鱼之后才能找到正确的方向，我们需要的只是一个让我们转变的推动力。舒适的工作和安逸的生活会让我们沉沦，让我们难以舍弃。而如果被辞退，情况就一下子不一样了。如果失去了工作，就像是釜底抽薪，无路可退，必须迅速做出抉择。不过，真正要从一份工作中跳出来，为开创自己的事业而选择另一条道路，绝不是一件容易的事。

那么，我们怎么知道什么时候该做出改变呢？问自己几个问题吧：

1.你每天上班的时候开心吗？

2.你喜欢一起工作的同事和老板吗？

3.你热爱你所从事的工作吗？

4.你为所做的工作感到自豪吗？

5.你现在的工作是否让你觉得充实？

6.你有没有幻想过从事另外一份工作？

7.你是否羡慕其他某些从事不同职业的人？

8.你是否厌恶你所做的工作但是又害怕做出改变？

9.你是否并不喜欢你所做的工作但是觉得换一份工作收入会降低？

10.你是否因为不想上班而请过较多的病假？

如果对于第1到第5个问题你的回答大部分是“不”，而且对于第6到第10个问题你的回答大部分是“是”，那么你就真的需要认真思考一下自己的未来了。

三

美貌与智慧

我小时候从未想过要自己创业，我们家族中也没有企业家，而且我的父母和大部分父母一样，都是要子女好好学习，长大了找份好工作。

我在纽约读MBA的那段日子，正好是美妆品牌蓬勃发展的时期，很多年轻女性纷纷创立了自己的化妆品品牌，她们的名气甚至盖过那些著名的时装设计师。

玛西娅·基尔戈（Marcia Kilgore）从SPA领域开始，创立了全方位护肤品牌芯丽丝（Bliss）；超模克莉丝蒂·杜灵顿（Christy Turlington）创立了天然草本美肤品牌Sundari；而知名彩妆师珍妮·罗贝尔（Jeanine Lobell）则是诗狄娜（Stila）品牌的创办人。这些女性的成功故事激励了我，我梦想有一天能成为她们那样的人，开创属于自己的化妆品品牌。

虽然我从小就对化妆品很感兴趣，但是我从事过的领域只有银行业，所以虽然我很想实现自己的美妆品牌梦想，但是完全不知道怎么开始。

比较理想的状况是这样的：你在某个著名化妆品品牌店工作过几年，积累了一定的工作经验，对这个行业有了充分的了解，然后离职创立自己的品牌。可是，我是个刚刚被炒鱿鱼的银行业前员工，除了那一段短暂的作为时尚杂志记者的经历，我和化妆品行业的唯一交集就是自己有一堆日常使用的化妆品。而对我来说，这个时候也不可能去应聘某个化妆品品牌的小职员。

在20世纪末的美容行业中，注射美容和靶向美容风靡一时。整形手术已经逐渐成熟，价格也更加亲民，但是人们的需求也悄然发生了改变，大家想要的是不做整形手术也能看到立竿见影的效果，而当时能够达到这个目的的唯一选择就是注射美容。于是我意识到这是一个机遇，我可以借助高科技手段在这方面做出一番事业。

我很清楚这方面的市场需求有多大，但可想而知的是，那些著名的化妆品品牌应该也正朝着这个方向努力，比如雅诗兰黛，其实验室肯定也在抓紧研发。然后我又想，或许他们正在努力，但是目前还没有成功，那么这个窗口期不正是我的机遇吗？我决心研发一种针对各种特殊皮肤护理需求、效果立竿见影的化妆品。我给它的定位是高效、奢华而且舒适，色彩艳丽，款式也必须诱人，放在卫生间里能给人眼前一亮的感觉。1999年，我和丈夫用20000英镑的资金创立了公司。

公司成立的第一年里，我联系了很多实验室，四处参加展销会，和供应商接洽，寻找能够把我的想法转化成产品的人。幸运的是，我找到了一家总部在伦敦的实验室，其有一位化学药物研究员，这位研究员是法国人。他很快就明白了我的想法，我们合作得非常顺利，不到6个月，我的第一批产品的配方就新鲜出炉了。

作为一个初次踏入化妆品行业的人，我对化妆品行业的专业知识和行业饱和度几乎一无所知，但是，从事后诸葛亮的角度来看，或许正是这份无知使我走了一条与别人不同的道路，进而使得柔黛品牌脱颖而出。我没有理工科的学位，也不知道化妆品中含有什么样的成分，我只要我的产品达到自己想要的效果。

首先，我需要为我的品牌取个名字。我联系了一个商标律师，请他帮我选择合适的品牌名称并完成注册手续。品牌名称非常重要，既要朗朗上口，有较高的辨识度，又要能够体现品牌的内涵。

那个时候石榴一下子成了美容界的宠儿，我请合作的实验室帮我做了相关的调查，石榴中富含维生素C，而且其抗氧化能力非常强大，比绿茶还高3倍。当时还没有人以石榴为主题进行大规模的研发，于是我灵机一动，决定在我们的所有产品中主推石榴这个元素。

小时候，我家屋子前后都种着石榴树，所以石榴总能唤起我对儿时的记忆。而现在，因为它的超级营养成分，石榴又成了我事业的开端，这似乎都是冥冥之中的安排。在希腊语中，“石榴”这个词的拼写以“rodi”打头，因此我决定把我的品牌命名为Rodial。Rodial听起来有点像法语，而且给人高科技的感觉，我想应该不错。

自创立开始，柔黛一直在革新。我们相继推出了一系列新产品，大胆尝试各种具有抗衰老效果的成分，比如血竭树的汁液（译者注：dragon's blood，即sangre de drago，一种生长于非洲、南美洲等地的树的汁液，有药用价值）、蜂毒（bee venom）、类蛇毒血清蛋白样肽（Syn-Ake peptide）等。很快，我们就因为敢于大胆创新而成长为化妆品行业中的知名品牌。

在柔黛成立的第一年，我们推出的蛇毒血清和血竭紧肤系列产品是我们卖得很好的产品，这两种产品现在也还在化妆品销售排行榜的前五名之列。我们的其他产品包括蜂毒护肤系列、超级食品系列（Superfood）、超级酸系列（Superacid）和粉钻系列（Pink Diamond）等，分别针对各种类型的肌肤问题，这些新产品为护肤品市场注入了新的活力。

在确定了Rodial这个名字之后，下一步就要确定注册商标的样子，还有产品包装样式的设计。我很清楚，要让人们接受我的产品，我必须有一个精心设计的商标，包装样式也要能够体现我的理念和梦想。

经过一段时间的调研后，我鼓起勇气去了一家顶尖的商标设计公司，和设计师讲了我的设想，请他们为柔黛设计一个商标。这一个设计用完了我整整一年的营销费用预算，但是我说服自己这笔支出是必须的。**一个精心设计的商标能够让你受益一生，甚至它还能超越品牌本身，成为一个标志，**比如Coca-Cola、Apple、Nike等。我虽然并没有期待他们能为我设计出让我眼前一亮的商标，但是也没想到他们会让我大失所望。

他们的设计方案与我开始提出的需求相去甚远，文字部分的表现力很弱，印在产品上几乎看不见。我试图和他们交涉，表示这并不是我想要的结果，但是我没有任何胜算：我付了设计费，他们也已经给了我一个方案，就这么简单。用他们的话来说，他们很乐意为我再做一个新的，不过前提条件当然是额外付钱。我无法承担再做一次的费用，所以当时我很绝望。静下心来之后，我拿出了笔记本电脑，开始自己琢磨、设计，然后到隔壁的打印店里将其打印出来。我对自己做的商标方案非常满意，而且这可是完全免费的。

设计师给出一个我完全不喜欢的方案，这种事不是每个人都会遇到。不过也有可能是我和他们讲得不够清楚，或者那天设计师刚好遇到了什么急事，所以做得很粗糙。但是，我从这件事也领悟了一个道理，就是不要放弃，即便某件事情的发展没有达到你的预期，你也要积极面对，要清楚地知道你的品牌需要什么。

后来回顾这件事的时候，我发现我还有另外的收获，就是我不仅明白了这个品牌应该是什么样子，更明白了它不该是什么样子。

在我看到他们为我设计的商标时，我立刻就知道这不是我想要的，因为它没有体现出我心里想要表达的东西。虽然我请的是一家著名的商标设计公司，但是，谁能比我自己更清楚我的品牌？如果是现在这个时点，我再去这家公司，我想他们一定会做出一个让我满意的商标，因为现在我可以非常清晰地告诉他们我对于我的品牌的理解、我要的商标应该是什么样式、给人什么感觉、具有什么特点。但是，回到开始的那个时刻，虽然我心里很清楚我想要的是什么，但是我并不能准确地向他们表述。

另外一个重要的问题是公司的选址。在公司初创的时候，完全没有必要花费太多去选择太好的办公场所，因为有很多东西需要投资，每一分钱都要精打细算，要花在最该花的地方。研发产品、市场营销都要花很多钱，所以在办公场所上能省则省。我一开始的办公地点就是家里，一个三四平方米的小房间，只够放一张小的办公桌和两个壁柜。但是，能有这样的一个房间我已经很满足了，在开始的几年里，这个小房间一直都是柔黛公司的总部。

我不能租办公室，也没钱给自己发工资，我的丈夫给了我非常大的支持，我们决定一起开创这一番事业。开始的那几年，斯特拉蒂斯在幕后默默付出，保障了公司资金流方面的需求，所以我们没有向外界寻求任何投资。到了2012年，公司的业务开始腾飞，我的丈夫担任公司的首席财务官（CFO），负责公司的一切财务事项。

柔黛公司一直是我和我的丈夫两个人所有，有很多人问过我为什么不寻求外界的投资。其实，从公司的初创阶段直到现在，一直有很多人联系我们，有意向对我们进行投资，包括一些私人股权基金和对化妆品行业有兴趣的大品牌等，但是都被我们拒绝了。如果我们此前引进外部投资的话，就会有更多的资金投入，说不定也会发展得更快一些。

我拒绝外部投资的一个原因是我对自己所从事的事业充满激情，我从未想过要找人接盘、变现走人。

和一些朋友聊天时，偶尔也会有人问我："你的最终目标是什么？"对于这个问题，起初我自己也没有答案。可能对于很多人来说，最终目标应该是把生意尽可能做大，然后以大价钱把公司转手卖给某个化妆品集团，接下来就可以彻底退休，无忧无虑地享受生活。但是对我来说，我确实没有一个明确的目标，而且，**生命中有很多事情，其意义在于享受过程，并无终点**，不是吗？如果一定要有的话，那么我的目标就是每天带着激情和创新去上班，鼓励和带领我的团队，研发出帮助女人变得更美、更自信的化妆品。虽然我的出发点并不是金钱，但是，如果在这个过程中能创造利润，偶尔还能休个假享受一下美好生活，那当然更好。**真正的创业者不会幻想一夜暴富，所以我从来都是脚踏实地。**

拒绝外部投资的另一个原因是我觉得自己完全能够掌控业务的发展。在柔黛的成长过程中，即便有很多问题需要同时处理，我也可以应付自如。而且，我听说过不少案例，当某些投资方能够对公司业务施加影响之后，他们的决定往往会毁掉这个公司。要知道，那些私人投资公司到处寻找投资对象，目的只是将投资对象发展到适合出售的阶段之后立马套现走人。因此，除非这个公司的创始人也抱着同样的投机想法，否则接受外界投资往往就意味着要失去自己历经千辛万苦创建起来的事业。如果创始人和投资公司都准备捞一把就走人，那么双方臭味相投，也能一拍即合。

不接受外部投资还有一个好处，就是你会精打细算，把每一分钱都花在刀刃上。从柔黛成立至今，我们始终都是量入为出，采取很保守的发展模式。有时我的丈夫会把他自己的钱投入公司的运营，偶尔我们也会从银行卡中透支一小部分。这样一种比较稳健的成长方式有助于我们理性地分析投资和回报，而且也能让公司更快地盈利。当柔黛开始盈利之后，我们将利润的大部分用于公司的发展，现在依然如此。我见过一些公司在收到外部资金之后就疯狂投资，刺激增长，但是始终不能实现盈利，这是非常危险的状态。

我设立公司时雇用的第一个职员是个兼职会计，她帮我打理财务，这样我就可以腾出时间来专注于产品、公关和销售。她现在是我们集团的财务主管，是公司里在职时间最长的员工。聘请兼职人员似乎不太专业，但是这意味着较少的费用开支，而这在公司成立最初的几年非常重要。那几年，公司的资金周转很紧张，不过我们坚持了下来。

后来，因为业务发展壮大，我们换了三次办公室，一次比一次大，但每次都是到了非换不可的时候才换。现在公司总部有很多漂亮的独立办公室，有透明的玻璃，光线充足，桌椅简洁；还有一间会议室，可供大家在一起交流讨论。此外，还有一间专门用于产品拍照和录影的工作间。这一切来之不易！

从我决定创业，到坐在狭小的办公室里打开我的第一件产品的包装，花了整整一年的时间。开始决定自主创业的时候好激动，当时幻想的是我只要写几封邮件，打几个电话，我的产品就能摆满哈罗德（Harrods）、哈维·尼克斯（Harvey Nichols）和Space NK等著名商场的柜台，现在想想真是太天真了。

其实我当时对于化妆品行业毫无经验，我对于把一个新产品摆上那些著名商场的专柜要付出多少艰辛一无所知。那些商场不会因为你有一个好的产品或者漂亮的包装就让你入驻，他们还关注很多其他的东西，比如产品背后的宣传、你有多少营销投入等，而且他们得撤走另外一个产品的专柜才能为你的产品腾出位置。即使你成功入驻，你还得确保产品的销售额能够达标，否则也会被扫地出门。假如我在化妆品行业待过几年，对这些有充分的了解，我估计我是不会选择从这里开始创业的。所以，如前面所说，正是我对这个行业的无知让我走到了今天。

生产出产品之后，我开始四处联系，想要尽快把我的产品摆上商场的专柜。这是我所遇到过的最困难的事。我给很多人发邮件、打电话，包括哈罗德、哈维·尼克斯、Space NK和塞尔福里奇（Selfridges）百货等的负责人，但是没人理我。我一而再，再而三地打电话请求，发邮件联系，功夫不负有心人，我的努力终于使我开始得到回报：伦敦邦德大街的芬威克（Fenwick）百货愿意为柔黛设立一个小小的专柜！

当第一次看柔黛的专柜时，我几乎不相信自己的眼睛，我的柔黛终于在大型商场里有了自己的一席之地！我的美梦终于成真，我的创业获得了成功！

一夜成名

秘诀之三

你适合创业吗？

假如你遇到困境或是陷入瓶颈，发现当前的工作已经无法继续，或许会想到自己创业，开发某种新产品或是提供某种服务，甚至是创立自己的品牌，朝着企业家的目标迈进。

但是，你怎么知道你做出的是正确的决定，而不是一时头脑发热？成为一名企业家靠的是后天的努力还是先天的条件？

实际上，成功的企业家有各种各样的，并没有什么共性特质。现代管理学之父彼得·德鲁克（Peter Drucker）说过：“创业并不需要特殊的个人特质。30年来，我见过无数的企业家，他们的性格各不相同，脾气也有好有坏，但是都能干事创业。他们当中有些人一直野心勃勃，也有些人始终循规蹈矩；有些人很胖，也有些人很瘦；有些人总是有很强的危机感，也有些人总是大大咧咧，一副无所谓的样子；有些人魅力四射，到哪里都是全场的焦点，也有些人平淡无奇，走到人群里就再也找不着。”

做一个成功的企业家并不需要特殊的条件，只要掌握诀窍，任何人都可以成功。当你下定决心开始改变时，你就成为自己命运的主人。你需要学习如何成长为一个创业者，假如你有了一个目标，就有了动力，就会鼓足干劲去实现它，让梦想成真。这里只是你梦想开始的地方，你所拥有的只有坚持、努力和决心。

我创业的时候毫无经验，完全是一边做一边学。有时候我会犯错，从错误中吸取教训；有时候会比较顺利，能够圆满完成任务。我没有接受过任何关于化妆品生产和产品市场推广的训练，从来没卖过一件产品，但是在这条创业的道路上我逐渐成长，从失败和成功中获得教训和经验，我每一天都变得更强、更好。

没有相关的行业经验反而有可能是你最大的优势。无知无畏让你看不到途中可能出现的困难，更加关注最终的产品，让你不受惯性思维的束缚，能够用别人意想不到的方法，以较少的预算完成既定目标。不过，你要明白自己的优势和劣势所在，而且要快速学习，迅速学会必需的技能，假如自己做不到就要寻求专业咨询。如果财力允许的话，最好聘请一些与自己能力互补的人组建团队一起创业。

虽然人人都可创业，但不是人人都需要创业。创业不是只和职业相关，更是一种生活方式，是一个需要投入无限激情、耗费无数时光的承诺。要创业，你必须问问自己是否已经做好了准备。你追寻内心所爱，想要控制自己的未来，就必须承受巨大的不确定性，而且开弓没有回头箭，做了就要努力向前。

事业和生命是合二为一的。

如果你的主要目标是一夜暴富，那么最好不要创业。没错，有很多企业家最终都很富有，但是，如果这是你创业的唯一目标，那么你基本上会很失望。创业的路上，你需要富有激情和创造力，乐此不疲。而金钱，可能会有，也可能不会有。如果把金钱当作唯一动力，那么失败几乎是必然的。

问自己几个问题，看看自己是否适合创业：

1.你做好夜以继日地工作的准备了吗？

2.如果创业意味着你要放弃现在的丰厚薪资，几年没有收入，而且还要把所有的钱都用于事业的发展壮大，你是否还会做出这个选择？

3.你是否愿意为自己的员工负责，乐意帮助他们解决困难？

4.你是否已经准备好四处奔波，推销你的产品？

5.如果迎接你的只有拒绝和冷嘲热讽，你是否还能坚持下去？

6.你是否已经准备好亲力亲为、脚踏实地做好包括最基本的体力活在内的每一件事？

7.你是否已做好面对不确定性的心理准备？

8.你是否愿意持续很长时间地艰苦工作？

9.在面对多次拒绝、经历诸多失败之后，你是否还能继续前行？

10.你准备好放弃现在的安逸生活了吗？

只要真正付出，人人都可以成为企业家。但问题是，你是否真的准备好了？如果是，那就没有什么能够阻挡你对创业的向往！

四

筚路蓝缕

在开始的几年里，公司几乎所有的事情都是我一个人在做。我把家里的一间小卧室腾了出来，买了几组宜家的柜子存放产品。每天早晨，我会到家附近的那家星巴克点一杯豆奶卡布奇诺，找一个角落坐下，打开笔记本电脑，然后开始思考如何拓展公司的业务。现在回过头来看，星巴克在我的创业过程中貌似起到很重要的作用，不过我当时并没有意识到这一点。

除了每天为我提供让我充满能量的咖啡，星巴克还曾长期充当我的临时办公室和会议室。我对伦敦市中心的星巴克分布了如指掌，知道哪些店距离我的客户比较近，也知道不同时段不同分店的人流情况。比如，市内的大部分门店清晨会非常繁忙，到了10点以后才能消停；不过科文特花园（Covent Garden）店是个例外，那里早晨稍微安静些，但是随着游人的涌入也会吵闹起来。我会在星巴克面试员工、做市场调查，当然也喝了很多咖啡。不过这是公司成立初期的情况，不管是在星巴克还是在其他地方，我开的会都不多，我做得最多的是发邮件。我打的电话比接的电话要多很多，我需要和供应商联系订单生产，解决包装问题，和实验室讨论研发新产品，开发票，简单地记账，等等。

我甚至还在“仓库”里工作，也就是说，我自己在家里包装产品并邮寄给客户。在接到订单时，我得把产品发出去，虽然星巴克是一个喝咖啡的好地方，但是他们可不提供包装和邮递服务，哪怕是对我这样忠实的老客户也不会破例。因此，当圣诞节来临，满大街都是闪闪的彩灯和缀满饰物的圣诞树时，我的家里却是满地的化妆品和包装盒。我没有其他的选择，只能一个人把产品装进盒子，贴上标签，一个个写上地址，然后赶在快递公司下班前把最后一批产品发出去。这样的情况持续了好几年，每一年的圣诞节我都是这样度过的，甚至还有24小时连轴转的经历，现在回过头来看，我在感慨时光飞逝的同时，更惊讶于当时自己的那份激情。

在那几年里，我学到的另外一个本领是如何在那些大商场里推销我的产品。首先我得承认，我并不擅长向路人推销商品。如果是主持召开一个会议，或者谈一个上百万元的合同，我都能应付，但是要我在商场的专柜旁边拦住一个顾客，向她兜售化妆品，对我来说太难了，我宁愿白送给她。

虽然不情愿，但是我必须放低姿态，为我的化妆品，也为我，谋取一席之地。这是我做过的最困难的事。我不得不强颜欢笑、低声下气，因为那时候没有人知道柔黛。我无数次地被拒绝，很长一段时间里没有卖出一件化妆品。但是，从积极的方面来看，我被迫离开了自己的安乐窝，开始近距离地接触顾客，而且得到了第一手的反馈。我现在每次去专柜都会有点小激动，虽然我的团队已经承担了最辛苦的工作，但是，对于能接触到顾客我还是非常期待的。

每天下班后，我的专柜团队都会把当天的业绩等情况发邮件向我汇报，这一直是我最期待看到的邮件，现在依然如此。

你可能会认为，当我在第一个商场开了专柜之后，其他的商场自然就会向我敞开大门，实际上远不是这么简单。每个季度我都会发邮件“骚扰”我心仪的那些商场，比如哈罗德、哈维·尼克斯、Space NK和塞尔福里奇等，想要和他们沟通为柔黛设专柜。

如果他们明确给我回邮件拒绝，说“别再给我们发邮件了”，那我就会停止，要不然我就一直发下去，我是不会轻易接受失败的。

哈罗德百货是我接下来攻克的商场。我和哈罗德百货时尚美妆部的负责人玛丽埃·麦基（Marigay McKee）谈了好几次，她终于同意让柔黛入驻，为此我欣喜若狂。入驻哈维·尼克斯就困难多了，花了我好几年的时间，直到找到他们授权部兼美妆部的负责人丹妮拉·里纳尔迪（Daniela Rinaldi），才成功把柔黛摆上其药妆产品柜台。对于柔黛的发展来说，这是两个里程碑式的事件。

最难的是进驻Space NK。这是一家定位于为顾客提供小众、时尚的潮流美妆品牌的连锁店，当时在全英国有几十家分店。我在伦敦最好的地方请Space NK的创始人尼基·金纳德（Nicky Kinnaird）共进早餐，请她试用柔黛的产品，她欣然同意。不过要是以为柔黛立刻就能在Space NK里面设专柜那就高兴得太早了。后来的几年时间里，我不断邀请尼基·金纳德小聚，交流了好多次，最终才让她接纳柔黛。

那么，是不是一切都圆满完成了？还不是！Space NK只对柔黛旗下的4种化妆品有兴趣，而且只允许柔黛在部分柜台开展试销售，假如反响好的话，才能在所有门店全面上架销售。而且，最大的问题是这几种化妆品都是主要用于全身皮肤护理的，我们都知道这样的产品是季节性的，比如夏季销量会很好，那么冬季怎么办？没办法，我只好决定先努力完成销售任务，把基础打牢，建立一个稳固的联系，然后逐步扩展到柔黛的核心产品。那段时间我想尽一切办法，我每天都在店里，雇了很多销售人员，并给了她们很多优惠积分用于推销，甚至晚上就住在那里！

辛勤的付出最终换来丰厚的回报。

柔黛从成立到进入哈罗德、哈维·尼克斯、塞尔福里奇和Space NK等几家英国著名商场和连锁店花了整整7年时间。不过，在这几年里，我们的业务也拓展到了美国、欧洲和亚洲。现在，柔黛的专柜遍布全球35个国家，在包括美国纽约第五大道的萨克斯百货在内的各大著名商场中设有超过2000个专柜。辛勤工作会得到回报，在一个方面的付出往往也意味着需要在另一个方面做出牺牲，付出多少才能收获多少，成功没有任何捷径。

经常有人问我，你是怎么从家里的一个小房间起步，到建立起现在的美妆帝国？我想，除了辛勤工作之外，抓住机遇，或者说敢于冒险也是原因之一。

2005年，公司成立之后没几年，我接到了洛杉矶一家经纪公司的电话，他们正在为奥斯卡颁奖典礼之后的一个谢幕酒会选择伴手礼。他们听说柔黛新出了一款名叫Tummy Tuck的用于塑造小腹曲线的极速纤腰产品。要知道，很多品牌为了被选中作为大型活动的礼品是要展开激烈竞争的，而我却接到了主动的邀请！

他们需要的数量是2000件，在当时这对我们来说是一个天文数字，因为当时柔黛的这款产品的生产线一年大概只能生产1000件。不过我想，这是一个不可多得的机会，可以让那些真正有影响力的明星直接接触到柔黛的产品。2005年，有影响力的明星主要就是那些著名演员，还没有靠美妆博客和电视娱乐节目等出名的人，即便有，在那个社交网络刚刚出现的年代他们也没有什么影响力。于是我决定冒这个险。我下了订单要求增加生产线，还多订了一些。后来，包括詹妮弗·安妮丝顿（Jennifer Aniston）、汤姆·克鲁斯（Tom Cruise）和凯蒂·赫尔姆斯（Katie Holmes）在内的很多著名影星出席了那个谢幕酒会，于是柔黛一下子收获了很高的曝光率和知名度。

柔黛发展过程中的一个关键节点是我决定研发抗衰老血清产品，这也是一个很冒险的决定。我一直在跟进化妆品行业的最新试验和研究成果，就在那时我了解到了一种叫作类蛇毒血清（Syn-Ake）的多肽物质。

我对类蛇毒血清做了进一步的了解，原来这种物质能够起到类似蛇毒侵袭的作用，可以比较温和地缩紧面部肌肉，起到抗皱效果。这一下子吸引了我。为什么不把它迅速应用到化妆品上呢？我们可以就叫它蛇毒血清。这就是柔黛接下来所做的，而且我们还用真正的蛇的图片做宣传，这引起了不小的骚动。我们没有多少宣传费用，不能拍广告做产品推广，但是我们的产品介绍和图片很能吸引眼球，因此越来越多的人开始谈论柔黛。

而我们之后推出的血竭系列产品受到了更多人的欢迎，至今其仍是柔黛产品中销量最好的产品之一。它的名字叫龙血（Dragon's Blood），实际上主要成分为血竭树的汁液，和《权力的游戏》中的龙可没什么关系。

柔黛发展过程中的另一个关键节点是2014年，那一年我们发布了一个新的彩妆系列产品。在此前的16年里，柔黛一直专注于皮肤护理，研发了超过30种产品，涵盖各种皮肤护理问题，从皱纹消除、皮肤保湿、晒伤修复、黑眼圈消除到颈脖、唇部和睫毛护理等。那么，如何进一步提升品牌知名度呢？我看到了彩妆市场的需求，所以我就决定要抓住这个机遇……

你可能会想，既然我已经在化妆品这个行业里做了16年，那么这应该是很容易的事，我只要给工厂打个电话，告诉他们我的想法，然后过几天他们就能把这个彩妆系列产品拿到我面前。实际上远不是这么简单，专业做皮肤护理产品的工厂和单纯做彩妆产品的工厂是完全不一样的。全英国有很多家专业的皮肤护理产品实验室和灌装工厂，但是专业做彩妆产品研发的非常少。于是，我又开始从头做起，去参加各种展览，学习了解配色，研究各种和彩妆相关的知识。

很多彩妆产品是由专业的彩妆师研发出来的，而且基本上仅限于彩妆师使用，那么多的工具、色彩和图案组合，经常让我们这些不懂专业化妆的人望而生畏。每一次我在魅可（M·A·C）或者芭比波朗（Bobbi Brown）化完妆之后我都非常满意，于是就会买一堆相关的化妆品想要自己做，但是到家之后，我却怎么也化不出自己想要的那个效果。每当这个时候，我就想研发一套专为化妆小白设计的美妆产品，配好色彩和纹理，简单易用，即使不会化妆的人在家也能轻易学会化妆。因此，我理想中的彩妆系列产品需要简单、易用，每一个顾客都可以在几分钟之内学会用简单的几样工具化出完美的妆容。我开始专心研究那些当红的明星和模特的彩妆，看着她们的脸，希望把那些色彩和图案变成使用我的彩妆产品的效果。

研发全新的柔黛彩妆系列产品这个想法让我很激动，因为这让我有从头开始创立另一个品牌的感觉。从有这个想法到彩妆系列产品研发成功并发布经历了整整3年的时间。我花了很长时间在法国、意大利和瑞士寻找和研发配方，同时设计独特的包装样式。有很多护肤品品牌也曾进军彩妆行业，但是最后都失败了，因为他们把彩妆行业视为护肤品行业的延伸。我的想法是创建一个特别的彩妆品牌，能够有自己的特质，可以独立于护肤品之外而存在。

我们在包装设计上花了很多功夫，定制的包装外壳质感很强，光彩夺目，非常漂亮。我请了欧洲最好的加工厂，为的就是能让这个彩妆系列产品自成一体。

经过3年的研发，在2014年的初夏，柔黛的雕刻彩妆系列产品正式发布。我给哈维·尼克斯的丹妮拉·里纳尔迪发了一封邮件，这些年来丹妮拉给了我很多支持，很快我们就确定面谈的事宜。在我向她介绍了柔黛的彩妆系列产品之后，丹妮拉直接问我："你觉得我们把它摆放在商场的哪个区域比较好？"虽然丹妮拉是个性格非常直爽的人，但是我没有想到她就这么直接同意了。她不仅认可这个产品，而且希望哈维·尼克斯能获得这个彩妆系列产品的独家销售权。我说，那就给我一个星期的时间，我的市场部团队将拿出一个具体方案，列明在位于骑士桥（Knightsbridge）的哈维·尼克斯分店设立彩妆系列产品专柜的详细条款。那真是我最开心的一刻。

接下来哈维·尼克斯给了我们两个月的时间去设计和布置柜台，而我们的柜台就位于商场的黄金位置，紧邻圣罗兰（Yves Saint Laurent）、雅诗兰黛（Estée Lauder）和汤姆·福特（Tom Ford）！令人难以置信的事情发生了，我们终于打进这些著名品牌的地盘。我们接替的是一个美国的主打SPA精油路线的品牌，其销量一直比较惨淡，几乎没有人光顾。

在这两个月的时间里，我们设计、安装了我们的第一个旗舰店专柜，包括化妆间。在此之前，我和我的所有员工都没有设计和装修柜台的经验，但是我觉得，为了这件事专门聘请专业人员来设计显然没有必要。于是，我再一次亲自出马，成了这个小工程的项目经理，像是装修我自己的房子一样，自己设计。

那段时间我刚好在纽约，于是我特地去了巴尼斯（Barneys）百货和萨克斯（Saks）百货拍了很多我喜欢的柜台照片，然后不断地发给制图人员。我还担任了制图师的角色，设计方案里的每一个细节几乎都是我选定的。我选了深灰色的布局，这样柜台整体看起来不会像黑色那样刺眼；小件家具我选的是汤姆·迪克森

（Tom Dixon）品牌的，款式和我家里用的差不多，我希望专柜整体上给人一种温暖、舒适、像家一样的感觉。灰色绳绒的小凳子还带有米黄色的绲边，和我家里的沙发一样。

专柜装修完成并正式营业之后，给哈维·尼克斯百货公司的所有员工都留下了深刻的印象，我们对空间结构的改变和最大化利用尤其让他们赞叹。我对这个专柜情有独钟，所以会经常去看一看，和我的店员聊聊天，问问顾客的体验和反馈，并同时请我们的专业彩妆师为我化一个美美的妆。这个专柜不仅是为顾客服务的地方，同时也是我们举办博客等自媒体活动的地方，我们把它当作自己的家。

毋庸置疑，我们都以它为荣。

一年后，财务数据显示，我们的产品各个月度的销量在伦敦的哈维·尼克斯百货商场始终位列前十强，而且经常超越香奈儿、圣罗兰和汤姆·福特。当一家大型商场选择信任你，让你进驻，而你能很快用骄人的业绩向他们证明你的实力时，这种感觉真的很好。随着业绩的进一步提升，在接下来的一年时间里，柔黛的彩妆品牌业务扩展到了哈维·尼克斯的所有分店。

柔黛发展过程中的每一步，我都不得不打破常规，用创新和冒险来弥补资金的不足。成功需要坚持，有付出才有回报，整天幻想着不劳而获、一夜暴富的人是不会成功的。

要成功创业，你就需要比别人付出更多。朝九晚五、周末双休，基本上只能应付日常的杂事，那些具有创造性的工作需要占据你上班前和下班后的时间，包括周末。所以，培养兴趣爱好的时间会被大大压缩，至于一两周的长假，就更不要想了。

工作之外你可能再也不能开展社交、娱乐活动，也没时间去交朋友，即便在交朋友，你脑中也会始终萦绕着一个问题："这个人能不能对我的事业发展有帮助？"

这就是所谓的抉择，既然选择了远方，就必须风雨兼程。

有时候我乘坐红眼航班从纽约飞回伦敦，当清晨7点，飞机降落在希思罗机场后，我会直接出发去办公室，去和我的团队一起工作。我疲倦吗？当然！但是我一定会选择来一杯咖啡，打起精神开始新一天的工作！

其实我当然可以这么对自己讲："嘿！这是我自己的生意，我是老板，我要给自己放一天假。"作为老板，如果你不去上班，没人能说你什么，但是如果你想成功，你就得分秒必争。曾经有一次我连着飞了24个小时去日本开会，会议一结束我就打了个出租车去机场，立即飞回伦敦。为什么不在日本休息一天？甚至休息一个星期也可以啊，调整一下时差，逛逛街，感受一下日本的文化，岂不是很好？但我并不喜欢旅游，我得回来和我的团队一起工作，陪伴我的家人，家庭对我很重要！

我并不是一台只会工作的机器！

其实很好解释，如果你真的想要成功，就永远不可能抛下事业不顾。不是你不能这么做，而是你不愿意这么做。如果你有明确的目标，对你所从事的事业充满激情，你就会发现你随时随地都处于战斗或者待命的状态，这是一种自然而然的表现，甚至不需要刻意去选择。

当我不在办公室的时候，无论我是在家里、在出差，还是在享受快乐的周末，如果我收到了一封需要迅速反馈的重要邮件，那么我一定会立即反馈。如果是很重要的电话，我也一定会接听或者回电处理。

当然，这仅限于那些必须立即处理的重要事务。举这些例子，我只是想要说明我从来没有和我的工作真正分开过。

现在很多媒体会报道一些事例：有些人因为过度劳累或者焦虑而患上疾病或猝死等，相信你也看过。虽然这种事情确有发生，但是我一直说的并不只是一份工作，更是一种激情。我不是想要给老板留下好印象，不是想要升职加薪，更不是害怕做得不好而被炒鱿鱼，这是我自己的事业，我完全没有这样的压力。我随时保持工作的状态是因为我愿意，是因为我热爱我的事业。我们的品牌运营跨越好几个不同的时区，从美洲到亚洲，还有大洋洲，所以随时都可能有紧急的事情发生，而一个及时的回复可能会节约很多时间，同时避免可能产生的损失。当然，这不是说我整夜都不睡觉等着回邮件，有些事情没那么急，也有些事情我会交给团队里的其他人去处理，这也是团队存在的意义。

总体来说，就是我随时随地都在待命，只要我的事业需要，我随时可以工作。而且，这些年来，我还没有见过哪一个成功的企业家能做到朝九晚五地上下班，下了班就能完全置身事外的。

有时候我也会遇到挫折，感到身心俱疲，虽然我看起来总是斗志昂扬，但我终究也只是个凡人，也需要休息。对我来说，充足的睡眠和清晨的健身都能让我迅速充满能量。我们需要清楚自己的压力状况，知道什么时候需要减压，这绝不是弱点，而应该是日常计划的一部分。写到这里我不禁想起当年在投行工作的日子，想起那种比拼“谁熬夜最多”的雄性文化。我们要知道自己什么时候需要停下来，休整一下，充充电。比较好的办法是听从我们信任的人的意见，比如我们的另一半或者是私人助理。虽然有时候需要夜以继日、连续战斗的精神，但是，更多的时候还是要劳逸结合。

前面我提到过，如果我们热爱一项工作，那么抗疲劳的能力就会比较强，即所谓的乐此不疲。因此你会发现，与那些你不太喜欢或者非常厌恶的工作相比，你对喜欢的工作会投入更多的精力。

比如说要我做一个填字游戏，我可能会先填出一些简单的部分，在某一处思考很久也填不出来，然后灵光一闪填出了某一列，感觉很开心。可是，再过一会儿我就会觉得很无聊，然后放弃，因为我不喜欢填字游戏。所以，做任何事情都是这样，如果你真正热爱、需要并享受某件事情，它就会给你成功所需的自律。如果你对某件事情充满热情，这份热情就会支持你一路向前。因此，如果要选择，就选择一份你最热爱的工作去做吧。

努力工作不仅仅意味着你要为事业本身付出时间和精力，作为一个企业家，你还必须在自己擅长的领域之外有所开拓，一专多能。从产品研发到市场销售，从营运、财务到法律事务，都要了解。聘请专业人员和顾问当然可以，但是，如果你能跳出自己最熟悉的领域，逼迫自己了解其他领域的一些基本知识，将对你的事业非常有益。在开会的时候，你不仅需要听得懂你手下的人在说什么，更需要提出专业的问题让他们时刻保持清醒的头脑。作为公司的领导人，你绝不能对所有事情都不闻不问，要记住，你是船长，必须对公司这艘大船的每一部分都了如指掌。

刚开始创业的时候，大部分事情你都得亲力亲为，没有别的选择，而且你会经常遇到资金周转的困难，每一项开支你都要精打细算。你既是销售经理，也是客服人员，同时还兼做财务工作，甚至有时候还是秘书，接电话的时候先要换个嗓音，假装是自己的私人助理，我真这么干过！随着业务增长，终于你雇用了公司的第一位正式员工，这位员工通常是你的最佳搭档，你们俩可以应付公司的一切事务。再后来，公司的业务越来越多，你的团队也变得兵强马壮，于是你偶尔也会偷个懒，休息一下。那么，到了这个时候你是否可以退居幕后，将所有的事情都交给手下的经理们去处理呢？还没到时候。

虽然你对团队成员非常信任，但是你必须时刻统领整个公司的事务，时不时地与某个部门加强联络。有时候，有些事情下属不会主动对你讲，原因很多，有可能是他们想让你感觉他们可以处理所有的事情，也有可能是他们觉得这些事情不重要，甚至还有可能是他们认为你根本不想听。

与下属的日常沟通看起来很琐碎，但是在日复一日的积累中，你经常会有意想不到的收获，比如可能会激发一个新产品的研发思路，或者解决一个阻碍事业发展的棘手问题。

那么，具体怎么做呢？公司有很多的重要事情，如战略规划、全球布局等，怎样才能抽出时间兼顾其他事务？我的办法是开“周一晨会”，而且我认识的很多企业家也是这么做的。每周一的早晨我都会召集所有员工一起开会，请各个部门的负责人汇报上周的工作小结和本周的工作计划。这是一个听取大家意见和建议的好时机，每个人都可以自由表达想法，包括对公司当前存在的问题的理解等。同时，这样的会议也能让不同部门的成员互相增加了解。要知道，虽然有不少人天生善于交流，或者因为办公室靠得比较近，业务上联系比较紧密，所以交流比较多，但是也有那么一些人，假如没有这样的每周例行晨会，他们可能永远不会和你产生真正意义上的交流。如果不同部门各自为战，公司业务可能也不会有多大问题，但是，如果你的“左膀右臂”能彼此了解并相互促进，那么显然会对公司大有裨益。

很多人没有意识到这件事情的重要性：让每个人了解其他人在做什么，可以有效地增加公司的凝聚力。我们所有人都像合唱团的一名队员，齐唱着同样的音符，每个人都有主人翁精神，能够看到公司的愿景。假如每个人都能有开阔的视野，而不是仅仅局限于个人的一个小角落，那么就会更加有创造力、想象力，也更加乐于奉献。

在正式的周一晨会之外，如果发现有什么不好的苗头，我就会请大家出去喝咖啡或者吃午餐，通过非正式的交流查找和解决问题，或者直接打电话请各个部门的负责人到我的办公室具体说明一下情况。我尽量和下属保持紧密联系，如果我出差，我也会尽量安排好日程，争取不错过周一的例会。如果有一周没有开例会，我就会有一种与同事们失去联络的感觉。

有时候你明明很努力，做了很多牺牲，但还是得不到想要的结果，这时候你会不会想要放弃？

在面对每一次挑战或失败时，问一问自己：我为什么要做这件事？我的目标是什么？如果我坚持到底，我将获得什么样的成功？在心中始终要有对成功的期待。

但是，我必须承认我有时也会有挫败感，或许是某个产品没有达到预期的效果，或许是团队里的某个人让我很生气，耗费了我很多精力，又或许是有些顾客无理取闹，而且有时候所有这些烦心事会一起找上门来。

那么，我是如何处理的呢？我会冷静下来，仔细思考。我会告诉自己我有多么热爱这个行业，想象胜利就在前方，并且回顾当初创业的坎坷。当我在某个项目上投入了很多，最后却失败时，我会习惯性地认为自己一无所获。但是，每当我仔细回顾这个项目时，我总会发现其实在这个过程中我已经收获了很多。

所以，这就是思考的角度问题。

一夜成名
秘诀之四

直面恐惧

恐惧是个很可怕的东西，可能让人无法正常生活和工作。对于企业家来说，恐惧是家常便饭，他们害怕失败，害怕未知的东西。企业家会经常担心：我的钱还够不够给员工发工资？公司的发展速度是不是太慢了？这次与同行竞争我能不能赢？这次的合同能不能签下来？我的客户会不会不满意？原材料供应跟得上吗？是不是有人要起诉我们？

恐惧的感觉随时可能出现，这是大脑的一种活动，一种会被放大的情绪反应。

恐惧阻碍了很多人的前进步伐，人们害怕未知，害怕自己不够好，害怕失败，这些恐惧我都经历过。回避你害怕的东西，继续做你喜欢的事情其实很简单。恐惧可能来源于你之前做某件事情时的失败经历，你会害怕再做同样的事情时还会失败，因此恐惧经常成为人们实现目标的绊脚石。

要克服恐惧首先必须直面恐惧，这样才能根本解决问题。寻求与你互相信任的朋友的帮助也很重要。克服恐惧是一个漫长的过程，需要循序渐进，虽然每一次都只朝着成功迈进了一点点，但是最终回头看看，你会发现自己非常了不起。

下面是我对如何直面和克服恐惧的10点建议：

1.认清恐惧。

2.想象一下你害怕的事情如果真的发生了，最坏的结果会是什么。

3.把所有可能发生的后果都写下来。

4.逐一对照每一个可能的后果，想一想即便其发生了又能怎样。

5.下定决心解决这件让你害怕的事，并记下你准备付诸行动的日期。

6.要确定在这个时候你能全身心地投入，不要有其他需要处理的紧急事情。

7.星期一和每天的早晨是比较好的时点，这些时候人的体力和精力都比较旺盛。

8.把你的计划告诉好朋友或者家人，请他们帮助你完成。

9.循序渐进，解决这个让你害怕的事情。

10.每次取得一点进步都要记录下来，并鼓励自己继续努力。

五

和比我聪明的人一起工作

和我的团队一起工作的时光是我最快乐的时光。我的团队成员个个都很有实力，也很努力，而且充满激情。他们中有些人已经在柔黛工作了十多年。现在，当我们发出一则招聘信息时，总会有上百人投来简历，我们可以细细挑选，优中选优，但是，开始的时候并不是这样。

从创业到现在，我招了很多人，但也解雇了不少人，从这个角度来看，也算是“阅人无数”了。

柔黛不是一个传统的朝九晚五型公司，虽然我们的公司文化不鼓励大家比拼加班加点，但是每个人都非常努力，总有一些同事时不时留下来加班，继续策划品牌包装、完善设计方案，或者做一些调研等。同样也有很多同事选择很早来到办公室，而不是踩着点准时上班，在他们看来一日之计在于晨，早到可以用最清醒的大脑开展一天的工作。在柔黛，所有人都做好了准备，随时随地可以应付任何工作。

当一个公司快速成长时，总会暴露出一些问题，柔黛也不例外，但是我相信我的团队完全可以解决这些问题。

几年前，当我们的蛇毒血清产品问世时，引起了媒体的广泛关注，这完全出乎我们的意料，因此我们都很激动。媒体的大量报道也带来了另一个后果：短时间内数十万人访问柔黛的网站，想要进一步了解并购买我们的产品。此前，我们网站每天的访问人数只有几十个，而且网站在设计时并未考虑到会有如此多的人同时访问，于是，网站崩溃了。而接下来的关键问题是，我们当时连一个客服人员都没有，更别说专门的客服部门了。

由于网站崩溃，我们的电话开始响个不停，全都是焦急的顾客打来的。他们没有办法在柔黛官网上下单，所以只能通过电话购买，我们一下子损失了很多顾客。这本来是柔黛的一个绝好的发展机遇，难道我们就这样眼睁睁地看着它溜走?

我立刻把所有人召集起来，给她们进行了一个最基本的培训，教她们如何通过电话为顾客确认订单。于是，短暂的培训之后，公司就有了一个最大的部门——客服部，从总经理到人事助理，所有人都成了客服人员，而且每个人都竭尽全力帮助柔黛渡过难关。

那几天是柔黛公司团队最值得纪念的时光之一，每一个人都很开心，都在发挥自己的最大能量，我们的办公室充满战斗的气息，每一个人都为能够参与这场战斗而激动。就在那个时候，我知道我有一个非常棒的团队，我为他们自豪。**在日常的工作中，如果你听到有人说“这不是我的事情”时，你就要留意了，这个人可能不适合他的岗位。**

创业之路不可能一帆风顺，很多时候我必须做出一些很残酷的决定，其中的一个决定我至今难以释怀。那是柔黛成立之后没几年，也正是公司成长过程中最脆弱的时候，公司规模依然很小，但我已经有了一个团结而忠实的团队。我渐渐开始从所有事情都亲力亲为转变到雇用员工为我分担各种事务，因此需要支付人员费用、办公室租金，并且还要预付各种产品的研发费用……这是一个很大的进步。但是，当我有一天看到账单的数字时，我意识到我的资金链出了问题，不管我怎么调整都无法解决资金短缺的问题。这时候，唯一的解决方法就是裁员。

我手下的这些人都为柔黛的成长出过力，我们一起加班加点，甘苦与共，但是，为了公司的生存，我不得不这么做。那是我做过的非常艰难的决定，我辞退了团队中的两名同事，而雪上加霜的是，再过几周就是圣诞节。我感觉自己是天底下最坏的人，但是对于柔黛来说这是生存或是毁灭的问题，我别无选择。

作为一个初创企业，你可能吸引不到你需要的资源，原因有很多。有很多优秀的人才不会对你的公司感兴趣，因为他们想要去的是比较稳定的大公司，初创企业的风险太大，职位不稳定。开创新的事业，你更需要的是那种能在逆境中生存、和你有同样激情的人。你会遇到资金紧缺的情况，这时候你就会希望他们能够打破常规，为你提出一个最省钱的锦囊妙计。

在创业初期，由于业务量比较小，因此很多岗位不会划分得很细，这时候你就需要“多面手”。起初我有一个财务人员，她同时负责产品生产、公司的法务和办公室事务，还是我的办公助理，同时兼顾公共关系、社交媒体和网站维护。为什么这样的人会放弃其他稳定的工作而跟着你？因为他们对这个品牌有信心并热爱这个品牌，因为他们珍惜与这个公司一起成长的机会，他们可以从中得到收获。虽然我们不能像那些稳健的企业一样提供非常稳定的职位，但是这些额外的收获一样很吸引人：他们有机会接触不同的业务，拓宽知识面，而且可以和公司的创始人——也就是我，一起工作。他们被我的激情感染，这让他们一直信心满满。

那么，创业初期如何招聘合适的员工呢？那时候我没钱请猎头公司，就是现在我也不愿意，我会采取其他方法，绝不会在招聘一个员工的同时还把他年薪的15%付给招聘机构。

那时候还没有社交软件，因此我的办法是在一个网站上发招聘广告。一条广告花费25英镑，但是我会收到几百份求职简历。如何选择呢？很大一部分求职简历只要看一眼封面就可以刷掉，然后我会从剩下的简历中选取5个人并邀请他们过来面试。通常情况下，有1/5的人会放弃面试机会，这让我不禁想起伍迪·艾伦（Woody Allen）说过的：如果你去面试了，基本上就成了。当只剩下3个候选人时，其实就看面试时双方的沟通交流了。

与他人能否和谐相处和能否融入团队也很重要。在选人这件事上我也曾经做过一些错误的选择。到最后，几位候选人的能力都差不多（至少从简历上看是这样），而且看起来都是这个职位的理想人选，这时候摆在你面前的问题就是为什么不选这个人，你要找到拒绝的理由。我的做法是至少和候选人谈两次。

有一些应聘者对第一次面试非常重视，他们打扮庄重，举止得体。但当他们进行第二次面试时，因为感觉已经十拿九稳可以得到这个工作了，所以他们通常会处于比较放松的状态，这时才是真正了解他们的时候。此时我通常还会叫上公司里的另外几个人一起参加面试，即便他们并不属于应聘岗位所在的部门。我很重视公司的团队文化，因此我希望听取其他人对应聘者的意见。

在招聘这件事上我的原则是：招聘要慢，辞退要快。招聘合适的员工很重要，需要仔细挑选。我曾经有过这样的教训，因为有一个岗位缺人，所以很仓促地录用了一个员工，后来发现选错了人。我从这件事情中吸取了教训，现在哪怕有一个职位空缺了几个月，如果没有找到合适的人选，我也宁愿空着，宁缺毋滥。

一夜成名
秘诀之五

面试小技巧

团队成员的选择很重要。所谓成也萧何败也萧何，他们既能成就你，也能毁灭你。我工作中的大部分时间都用在了我的团队身上，从招聘、培训，到日常的相处和激励等，在我看来这是公司成长过程中很重要的事。不过归根结底，首先在招聘的时候要选对人，不要轻易做出决定。这些年来，在公司各个岗位的员工录用方面，我面试过好几百个人，逐渐确立了自己的一套原则，尤其是对一些负面因素的考量，这有助于我迅速做出正确的决定。

在面试候选人时，会让我倾向与拒绝的一些因素包括：

1.候选人有没有长期在一个公司工作的经历？如果这个人隔三岔五就跳槽，那么他可能在你的公司也待不了多久。

2.他的简历中是否有较长时间的职场空窗期，而且不能合理解释？当然，不可否认的是有些人离职之后会选择享受一段较长的自由时间，好好规划一下自己的下一段人生，我自己就是如此。但是，确实有那么一些人无法长时间地专注投入某一份工作，而且遇到一点压力就会崩溃。在我看来，较长时间的没有合理解释的职场空窗期提示这个人可能缺乏职业道德，遇到一点困难他可能就会选择放弃。

3.他的求职信内容是否专门针对你的公司以及这个特定的职位？你需要的是一个对你的品牌和这个职位真正感兴趣的人，如果他给你投的简历和投给另外一百家公司的一模一样，我想你就应该三思了。

4.他的求职信中的措辞是怎样的？有一些候选人会这样写："我想要这份工作，希望为我未来的事业积累经验。"要知道，你希望听到的是他们能为你的公司带来什么，而不是从你的公司带走什么。

5.他们的住所离你的公司有多远？我有过一些很优秀的员工，公司花了很长时间对他们进行培训，帮助他们融入团队，而最后失去他们的唯一原因居然是每天上下班的通勤时间太长。

6.他们怎样评价此前的工作经历？曾经有过那么几次面试，候选人一直在控诉他的前雇主，事无巨细，绘声绘色。如果他们这样对待前雇主，以后也会这样对待你。

7.他们对你提出的问题的应对是不是那种提前准备好的教科书式的回答？如果是，说明他们想要隐藏些什么，而你想要看到的是他们真实的一面。

8.他们是否同时在应聘其他工作。我希望听到的是他们应聘的公司不多，而且我们的这个职位是他们的首选，是他们梦寐以求的。谁都不想听到他们同时申请了十多个公司的职位，而且随便哪一家都能接受。当然，如果这十多个公司和柔黛属于同一行业又另当别论，这至少说明他们热爱这个行业，但是，无论如何你还是希望你的品牌对他们有最大的吸引力。

9.尽量不要选择那些有过多复杂的个人问题的应聘者。这并不是说你需要在面试的时候问这个问题，而是有些应聘者在面试的时候会主动提及他们正面临的各种问题。在我看来，如果一个人生活中有太多烦琐的个人事务要处理，那么对于他能否全身心地投入工作就要打个问号了。

10.问问你自己，如果你要和这个人在飞机上一起度过七八个小时，这会不会是一段愉快的经历？如果成为同事，你们很可能会一起出差，所以你要确保你们能相处得来。

六

冒险与回报

通往成功的道路是曲折的，一路上你要做出很多艰难的决定，还要冒很多风险。你可以先从一些风险较小的事情开始，慢慢积累经验，锻炼自己的承受能力，然后逐步转向风险较大的事情。冒险并不意味着一定是为了实现某个疯狂的决定而拿出你的全部积蓄（不过有时候确实如此），这种风险有可能是换一个行业，换一份工作，或者是辞职创业，在自家的小房间里起步，开创一番新的天地，就像我一样。

从我的故事中你可以看到，这就是一条充满冒险的创业之路。我冒险离开了我的家乡，前往一个大城市求学；上学期间，我冒险在一个杂志社找了份兼职工作；当我意识到自己需要更多的商业方面的知识时，我冒险来到了纽约，学习商业管理。之后，我又冒险选择到一个全新的领域——投行工作，并因此来到伦敦。在工作了3年左右，自己创业，这更是一个冒险行为。是不是每一次冒险都一定会有回报？当然不是。但是你的每一次冒险都会丰富你的经验，让你更有信心面对未来的挑战。

到了2010年，柔黛成立已经10年了，成了一个家喻户晓的高端化妆品品牌。那几年里，我们不断接到一些大众化的零售商的请求，他们希望可以在他们的美容产品专区中售卖柔黛的产品，以营造一种高端药妆产品的氛围。他们虽然已经获准售卖其他一些高端化妆品品牌，但是柔黛的专门针对特殊皮肤问题的护理产品很有创新性，而其他品牌完全没有类似产品。

那时候，高端品牌在大众化系列产品方面的开发已经起步，斯特拉·麦卡特尼（Stella McCartney）为Gap设计了一个新的系列产品，朗万（Lanvin）和卡尔·拉格斐（Karl Lagerfeld）与H&M展开了合作，米索尼（Missoni）和塔吉特（Target，美国仅次于沃尔玛的第二大百货零售商）也在共同研发新产品。（**译者注：斯特拉·麦卡特尼和卡尔·拉格斐均为著名时装设计师，也都成立了以自己名字命名的时装品牌；Gap、H&M、米索尼均为著名服装品牌。**）总体的方向就是以高端品牌为基础，以一种较为简单的形式，开发新的系列产品。通过这种途径，普通的消费者也能购买到奢侈品牌的产品，在心理上有一种期待感和获得感。此外，从品牌自身来说，也能收获更广泛的公共关系资源，并且获得更多的收入。

大众化市场对于柔黛产品的需求呼声很高，但是出于自身定位，柔黛不能进入这些市场。于是我开始思考以柔黛品牌为基础，研发一个新的衍生系列产品，以较为亲民的价格，通过另外一个渠道发售。

新系列产品与柔黛产品将有所区别，比如柔黛某个产品中有5种高浓度有效成分，新系列产品只专注于其中的1种，但配方必须有效。与此同时，我意识到，这可能是柔黛的一次好机会，我们可以把产品对象定位为较为年轻的人群，她们的需求主要是解决与脸上的毛孔阻塞相关的粉刺、痤疮，还有皮肤脱水和初期衰老等问题。在取名字的时候我想到，很多人想要变美，而在整形手术中有一个名词“nip and tuck”，然后还有一个很多人天天都能听到的时尚高频词“fabulous”（超赞），于是我将这个新系列产品命名为NIP+FAB。

那时候我们已经有了开发新系列产品所必需的所有内部资源。我们的设计团队为NIP+FAB做了全新的品牌设计，并且根据特定买方的需求进行个性化生产，而不是像柔黛产品那样全方位生产。最初我们接受了英国本土品牌博姿（Boots）的订单需求，其在英国有600多家分店。接着NIP+FAB登陆了美国市场，在塔吉特公司的1000多家连锁店发售。

新品牌一推出就能收获如此大的成功让我很激动，相比之下，柔黛初创的那段日子真是充满了艰难险阻。当然，NIP+FAB的成功并不是偶然，我此前10年在这个行业中摸爬滚打，最终建立起了柔黛这个有超高知名度的高端化妆品品牌，这为新系列产品的推出奠定了坚实的基础，这才是根本原因。

虽然NIP+FAB是柔黛的衍生系列产品，但是它很快就建立起了自己的品牌地位，以极具创新性的产品和鲜明的品牌个性吸引了特定的消费群体。几年来，NIP+FAB以乙醇酸为基础研发的一系列针对痤疮、皮肤衰老和肤色不均等问题的产品为化妆品市场注入了新的活力，NIP+FAB迅速成长为世界范围内大众零售商和药房中最畅销的皮肤护理产品之一。

NIP+FAB还推出了全系列的具有清洁和治疗效果的卸妆棉产品，其中的乙醇酸修护洁肤棉是全球卖得很好的一款洁肤棉产品。此外，还有蛇毒系列、龙血系列和羽衣甘蓝修护卸妆棉系列等。我们还推出了针对身体其他部位的系列产品，比如丰胸霜（bust fix）、紧腹霜（tummy fix）和上臂重塑按摩膏（upper arm fix）等，每一款都卖得很火爆。

推出新系列产品是一场冒险，而新系列产品会瓜分走一部分柔黛产品原有的份额，这就是一个更大的风险，但是我们选择了直面风险，不惧挑战。这些年来，NIP+FAB茁壮成长，建立了与柔黛不同的客户群体，预计未来几年其营业额很可能与柔黛不相上下。这是一场收获了丰厚回报的冒险。

在经过几年的艰苦奋斗之后，你的品牌逐渐站稳了脚跟，这时候你就会面临另外一个问题：如何在更高的层面提升品牌的关注度？你需要继续将品牌推向全新的高度，创造更好的业绩，并为此面对更大的风险，接受更大的挑战。

公众和媒体的关注度是品牌发展过程中的一个重要因素。一个品牌刚刚建立的时候比较容易引起关注，因为它与众不同。柔黛初创的那几年，我们和媒体打了不少交道，也取得了很好的效果。媒体宣传和店内促销活动是我们采取的主要方式；有一些新产品推出时也引起了比较大的关注，但是没有感到非常惊喜。这些年来一直有媒体问我有没有考虑过为柔黛找一个形象代言人，对此，我的回答一直是否定的。

NIP+FAB成长得很快，迅速占领了全球市场，在很短的时间内即在全球超过15000家商店里销售，其中最大的市场是美国，其销售NIP+FAB的商店超过8000家。我的销售团队提出，希望在美国搞个活动，提高关注度。于是我想，要么不搞，要搞就搞大点。

一夜成名

秘诀之六

为什么要冒险？

即便是做自己的日常工作，也可以不用完全按部就班，可以再努力一些，帮助其他人做一些自己本职工作之外的事情。在帮助别人的过程中学到新的东西很重要，当然，注意不要越俎代庖。所有最终获得成功的人都不会满足于仅仅完成手头上的工作，他们永远都要多做一点。这些年来，在化妆品行业中我也见过很多这样的人，比如有很多人从基层销售成长为部门主管，他们通过额外的付出，在帮助别人的同时也提升自己，这些额外学习到的技能不仅让他们在本行业内成为佼佼者，更会为他们在未来做出选择时提供帮助。

如果不采取实际行动你永远也不知道自己能收获什么。当我用纸笔认认真真地给《十七岁》杂志写信，指出我所认为的他们在某些地方的不足，并毛遂自荐时，我知道我很可能会被拒绝。我不记得当时我有没有经历一番思想斗争，比如：他们会不会觉得我很傻？他们会不会连看都不看我的信？他们肯定不会回信的，我干吗要冒这个险呢？……可能有这番纠结，也可能没有，但是重点是我确实迈出了这一步。

写一封信求职并不会让我有什么损失，但是当我后来失去了投行工作，开始独自创业的时候，我确实放弃了很多，而且我不知道等待我的会是什么。可是，不去尝试，你就永远也不会知道。对尝试的期待战胜了对未知的恐惧。

每当我需要做出一个要承担一定风险的决定时，我都会先衡量一下：最坏的结局会是什么？我是否可以承受？如果可以，那么就放手去做。当然，如果是要把房子抵押出去来创业，这样的决定可要三思而后行。

如果你很不喜欢当前的工作，或者对所处的行业很厌恶，但是这份工作又很安逸而且收入不错，我建议你立刻行动起来，仔细思考你想要做的事，读一读相关的书籍和论文，参加行业内的会议，找到一件让自己在保持那份不错收入的同时还能让自己快乐的事情。有失才有得，你需要仔细权衡。如果你最后发现收获更大，那么赶紧行动起来，更新你的简历，为自己寻找新的突破。

我曾经失去了一份6位数年薪、天天穿着普拉达上班的工作，创业初期整整5年没有盈利，收入只能勉强维持公司的运转。没有了普拉达，我也能习惯逛跳蚤市场，这是为了事业发展而做出的必要牺牲，如果这些付出能够让公司持续发展，我会非常乐意，穿便宜的衣服没什么大不了。

不要害怕犯错误，尤其在开始的时候，所有可能出错的地方都会真的出错。你面临的困难要比你得到的收获多很多，我创业的第一年尤其如此，在人、产品和资金上都是困难重重，几乎你能想到的困难我都遇到过。

但是我总能找到解决的办法。一开始公司没有足够的资金支付人员费用，不得不解雇一些员工，那个过程令人心碎，但是别无他法。我经常需要做出一些艰难的抉择，曾经我的团队只剩下4个人。虽然现在我仍然时不时地遇到一些困难，但是当年经常面临的那种“公司明天还能不能活下来”的考验充分锻炼了我，我已经能够非常冷静地处理各种问题。

当你开始了寻梦之旅，成立了梦想中的公司，那么就开始冒险吧。把气氛搞起来，让大家看到你，大胆一些，创造一些让你与众不同的东西。即便只有很少的预算，你也要找到机会提升关注度，让人们谈论你、记住你。如果要求稳的话，我完全可以给我的产品取名为“抗衰老血清”，但是，难道你们不觉得这个名字太普通了吗？经过一番思考，我决定将它命名为“蛇毒血清”。这个名字引起了媒体的广泛关注，并迅速传播到全世界，因此在产品发布后不到一个月的时间里，我们的蛇毒血清系列化妆品就漂洋过海，开始在全球各地开辟市场。

在人生中，真正让我们后悔的是那些想做却没能去做的事，而不是做了但是失败了的事。所以，为了内心的梦想出发吧，只争朝夕，不负韶华。

七

关注度

创业初期，公司资金严重不足，所以连办公室助理都没有，更不用说请公关公司了，但是即便如此，我还是让越来越多的人知道了柔黛。虽然我们没有钱请著名摄影师来拍摄，也没钱在*VOGUE*杂志封底上做广告，但是我还是可以花费很少的资金为柔黛品牌带来较大的关注度。在这一点上，我们需要做的是打破思维的桎梏。

为了品牌宣传，我们需要制作宣传单，但是，由于资金短缺，我们买不起专业的打印机，而且当我们咨询专业的印刷公司时也遭到了他们的嘲讽，因为他们的最低印数是1万份，我们用不了那么多。于是当时我们所有的印刷都是在网上的打印店解决的，用的就是现成的模板。那是有纸化办公的年代，几乎所有的东西都要打印出来。身处现在这个网络社会，回想那时候，我总有恍如隔世的感觉。社交网络的出现，就好像是人类发现了火，或者是发明了车轮、强力牛仔布……这个世界一下子发生了翻天覆地的变化。

为产品带来关注度的关键在于得到媒体或者有影响力的人的宣传。如果你踏足的是一个陌生的领域，对一切都一无所知，而且你也有能力聘请一个专业的公关公司，那么这笔支出很有必要，但是一定要做好充分的调查了解，确保他们能为你带来足够的回报。

公关公司有很多，良莠不齐，要想找到一个合适的不容易，如果选择错误的话，他们不仅不会给你带来知名度，反而会狡辩是你的产品质量有问题。也有一些公关公司在其他领域做得很好，但是对于你的领域却不一定在行。可以多听听其他人的建议，或者先签订为期两三个月的试用合同，通过这段时间的合作确定下一步的计划。这些年来，我和大大小小很多公关公司合作过，从中吸取了不少教训。

开始的时候我找的是一家规模很大、声誉也很好的公关公司做柔黛品牌推广，有很多其他的大品牌也是他们的客户。钱要花得有价值，尤其是在预算本来就很紧张的情况下，谁也不想被奸商糊弄。但是后来我发现，为了抓住客户，那些大的公关公司一开始会由高级合伙人或者艺术总监跟你谈，但是半年后接待你的就是普通的业务主管，到最后你只能通过邮件和他们的实习生交流，这是一种很不尊重客户的行为。

于是我决定换一家规模稍小的公关公司，在他们的客户中，我的公司是最大的，这样我们就能得到更多的关注。

每种选择各有利弊，而且聘请了公关公司也不代表你就可以把相关的事务完全交由他们处理。言外之意就是他们是替你办事的！虽然在实际工作中看起来没那么明显（类似与模特经纪公司或者唱片公司的合作），但是你要记住，你可以随时解雇他们，他们大致相当于你的雇员，因此你要确保他们能够尽心尽力做好本职工作。

也有过那么几次，我们因为资金紧张暂停和公关公司合作，转而由公司内部职员负责公关事务。出乎意料的是，每次都能取得事半功倍的效果，更别说还省掉了付给公关公司的费用。当然，效果很好是有原因的，因为我们更了解这个行业，而且和打交道的对象也比较熟悉，比如杂志社、网媒和博主等，我们需要做的只是和他们维持良好的合作关系。这些关系本来就是我们自己开创的，而且维系了很多年，因此这些客户会时不时地为我们说几句话，或者写一点相关的文字，为我们做宣传。假如你觉得通过私人关系与客户增进联系会比通过公关公司的客套话沟通更有效的话，你就应该选择自己干。

这两种方式我都尝试过，但是我不能武断地说哪一种更好，因为每种方式都有它的优点和缺点。假如你有钱又很闲，那么当然可以自己出马去提高关注度，扩大影响力；但是，如果经过深思熟虑，你还是觉得自己做不来那些媒体人的工作，那么我建议你还是找一家专业公关公司帮助你。

媒体很挑剔，他们每天都会收到数百个新产品发布的消息，还有很多公关经理的电话，请他们为新产品做推广。和绝大部分化妆品品牌一样，柔黛也是大约每三个月才能推出一款新产品，但是每一次和媒体打交道，你都得给他们提供一些关于产品的新信息。每一次都需要让人感觉是这款产品的首次发布，比如可以是它的新功效，也可以是季节性的改进，或者是某位明星的代言。那时候，一个产品如果能在《VOGUE服饰与美容》（*VOGUE*）杂志里出现，就可以极大地提升知名度，当然还有销量。

当然，平面媒体的影响力现在仍然存在，每当在那些著名的时尚杂志上看到我们的产品时，我们还是非常激动的，对于任何品牌来说这都是一种巨大的激励。在当前社交网络如此发达的形势下，通过网媒提高产品影响力是大势所趋，但是传统的平面媒体还在顽强生存，这倒是出乎很多人的意料。

网络对于时尚和化妆品的宣传越来越重要，尤其是像类似Instagram这样的社交软件。那些博客写手和Instagram玩家能够影响潮流和需求，还有那些知名的博主和YouTube主播们，他们比杂志的影响大得多。社交网络是一个全新的行业，能够和产品的最终用户进行最真实、最直接的交流。

另外一个扩大品牌知名度的途径是为产品找一个代言人。柔黛刚刚创立的那几年，我基本上只能勉强做到不拖欠员工的工资，根本没有多余的资金请明星代言。但是，随着品牌的逐渐壮大，请代言人的必要性逐渐显现了出来。明星代言可以为品牌带来更高的知名度，而且也不是非得请那些好莱坞大腕，只要她在行业内有一定的知名度，并且适合你的品牌定位就足够了。

虽然世界变化很快，但是品牌推广的基本原则大致上还是一样的，都是召开媒体发布会，然后向外界推荐你的产品。你需要认真思考的是，怎样才能吸引大家的目光？如何在和其他产品的竞争中胜出？

产品的发布一定要能引起人们关注，包装必须漂亮，要展现品牌的特征，另外，附上一张公司创始人手写的小卡片可以起到锦上添花的作用。你也可以将产品包装好寄给那些能够为产品带来关注度的杂志记者，寄出去之后要跟进联系，但是千万注意不要跟得太紧，那样容易让人厌烦。在经过一段时间的联系之后，你可以尝试和这些知名记者建立私人关系。其实他们和你我一样，都会很乐意为朋友的产品做推广。不过你要记住，绝不要虚情假意，在和他们交往时一定要真诚、友善，不要操之过急，建立信任需要时间。

此外，你也要明白，你不可能和所有的人都成为好朋友，事实就是如此，这就像一个大家族举办一场婚礼，总有几个你看不顺眼的大舅子、小姨娘等亲戚，但是你不能表现出来，你必须面带微笑，和他们点头寒暄。最重要的就是，做好你自己！能做到这一点，你就会发现，你可以和一些记者和博主相处得很融洽，成为好朋友，而这些就是你该珍视的友谊。

当然，能给产品带来更多关注度的是那些大明星，这一点毋庸置疑。问题是，那些化妆品行业的大品牌和大明星之间都是有几百万甚至上千万美元的代言合约的，怎么才能有机会让她们接触到柔黛的产品，甚至更进一步，让她们公开提到柔黛？

我们可以先思考一下，那些大明星其实也是普通人，和你我一样。在生活中，我们会不会一直只用一种产品？是不是偶尔也会尝试一些新奇的东西？明星也一样，即便她们受到与某些特定品牌的合约限制，她们还是有对其他新产品的需求，虽然受到合约的限制，但是品牌的领域都是特定的。举例来说，如果她们的合约是美发品牌的，那么化妆品就属于不冲突的另外一个分类，她们完全可以对媒体或者在社交网络上提及。

明星会接受很多专访，而且记者经常会问及她们在用什么产品。这时候的惯例是她们需要提及所代言的品牌的产品，但是，这毕竟是一个专访，不是广告，所以为了淡化做广告的嫌疑，她们还要很自然地提一些其他品牌的产品。假如她们恰好在用你的产品，而且很喜欢，那么如果你走运的话，她们很可能就会在采访中提到你的产品。当然，这里的“走运”和“可能”的背后还有多种原因，但那些都是要花很多钱的，天下没有免费的午餐。所以，假如能通过给明星寄送百十份赠品而换来她们在访谈中提一提产品的名字，绝对是最合算的交易。

当我在@MrsRodial账户发说说或者在Instagram上发照片时，偶尔我也会想到之前的日子，这些新奇的社交软件其实诞生不过几年时间，但却已经成为我们日常生活的一部分。柔黛成立之初的世界和现在有很多不同，那时候没有Instagram，明星的影响力也只能通过传统渠道传播，我们需要用传统的方式和她们打交道。柔黛是个小公司，几乎没有广告费用预算，我们的方式就是选定一些和柔黛形象相符合的明星，给她们的经纪人或者公关经理赠送柔黛的各种新产品。然后我们会持续跟进，打电话或者发邮件联系她们，询问这个明星有没有使用我们的产品，感觉怎么样，喜不喜欢，等等。如果回答是肯定的，那么就请她给一个正式的评价。不过，即便得到了好评，距离最终的目标也还有很长的路要走。

得到好评之后，就可以开展下一阶段的工作：通过各种杂志和报纸的时尚版块的编辑，将明星对柔黛的好评发布出去。明星的知名度越高，顺利发布的可能性也就越大。她们对柔黛产品的评价很高，比如“柔黛改变了我的生活”，或者“我那些好莱坞圈子里的朋友们今年圣诞节都想要试试柔黛”，等等。当杂志上刊载了她们的这些评价之后，柔黛品牌的知名度就会有很大的提高，销量也会大增。

随着品牌的壮大，你需要不断自我发掘，让品牌重新焕发活力。**到处都有新品牌不断产生，你必须让自己始终留在人们的视线中，这样才能在与同行的竞争中生存下来。**举办庆典活动不失为一个好办法，媒体非常乐意报道这些活动。但是，举办这样的活动需要花费很多精力，而且也要花很多钱，不是请人喝几杯咖啡那么简单的事情，但如果做好了一定物超所值。要选择好时机和突破点，要能一下子吸引大众。

人们都喜欢被邀请，明星也一样。请她们参加活动可以带来媒体和社交网络的双重关注，而且，如果是颁奖典礼这样的大型活动，能够带来的影响力就更大了。

一夜成名

秘诀之七

充分发挥你的潜能

在创业的道路上，你有没有做到全身心地付出？有时候，对自己再狠一些，就能抓住别人得不到的机遇。展望未来的5年，你希望达成什么样的目标？你需要为自己创造机会，实现这些目标，从而确保你的事业能够蓬勃发展。

不管你在品牌和产品上下了多少功夫，你仍需逼迫自己，发挥潜能，保持你的品牌和产品的活力，不能落后于时代。为此你要付出很多，不仅要和其他品牌竞争，更要和自己比拼，你要比昨天的自己更好，让自己每一天都走得更远。

有时我们也会停滞不前，觉得已经无路可走，而这正是最需要坚持的时候。那么，如何才能每天都让自己走得更远呢？

对此，我有10个小贴士供大家参考：

1.自我加压需要很多的自我激励，你需要找到激励自己的方法。

2.到网上搜索并观看一些你所钦佩的人的访谈节目。

3.换个地方。假如你发现自己被困在了简单重复的工作之中，那么你可以去参观一个画展，或者去一个陌生的地方旅行，通过这些行动给自己增加动力。

4.把杂志上你所钦佩的人的访谈内容剪

下来随身携带，当你觉得迷茫或者泄气的时候就拿出来读一读。

5.把你收到的感谢或是赞赏的信件、邮件等保存下来，时不时看看，激励一下自己。

6.去书店走走，读读人物传记和创业、励志类的书籍。

7.拿起电话，找个朋友聊一聊轻松愉快的话题，比如八卦新闻等。

8.找个时间把你的办公室或者衣柜彻底清理一下，这种活动很有效，能够让你的生活和工作变得更加有条理，目标也更明确。

9.去公园散散步，运动和呼吸新鲜空气能让你头脑清醒，思维敏锐。

10.来一杯浓咖啡，这真的很有效，不然也不会有这么多人每天都靠它“续命”。

八

时尚、明星和颁奖盛典

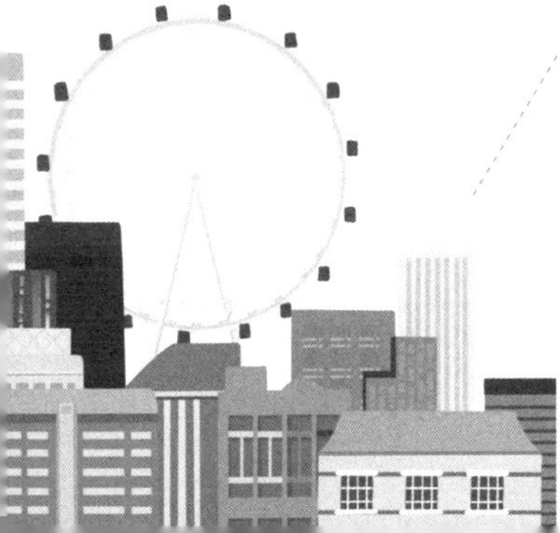

那还是在2010年，柔黛成立10周年，我们准备搞一个庆祝活动。我不想把这个活动搞成那种让人觉得很无聊的鸡尾酒会，于是我产生了一个念头：能不能组织一个颁奖典礼，邀请那些我们喜欢的和10年来一直支持柔黛的明星参加，并为她们颁奖？这些年我看了很多颁奖典礼，包括奥斯卡和《魅力》（*Glamour*）杂志的“年度女性”颁奖典礼以及其他各种盛典，如果我能举办属于柔黛的颁奖典礼……这个主意让我激动不已。

但是，对于柔黛这样的小品牌来说，举办这样一场庆典，会不会有点不切实际？说实话，我当时有点心虚，不过我的公关团队始终以积极、开放的心态，全身心地投入活动的各项准备工作中。

一切进展顺利，从我们确定举办颁奖典礼的那次会议开始，不过几个星期的时间，首届“柔黛颁奖盛典”就隆重开幕。我们把活动的地点选在了伦敦的桑德森酒店（Sanderson Hotel）的台球室，地方不大但是很有时尚气息，非常符合柔黛的品牌定位。从规模上看当然远不能和奥斯卡和金球奖相比，所以我们花费的成本自然也少得多，而且庆典现场的饮品还是酒店方赠送的，非常划算。

我们组织了一个评审团，成员主要是一些好朋友，我们发了一组候选人名单供她们评选。最后，我们站到舞台中央，打开装有最终获胜名单的信封，为获奖的杰德·贾格尔（Jade Jagger，著名珠宝设计师）和帕洛玛·费丝（Paloma Faith，英国演员、歌手）等人颁发奖项。

第一年的颁奖庆典举办得非常顺利，没有人在上台阶的时候摔倒，没有人在门口抗议，也没写错嘉宾的名字，所有人都度过了一个开心的夜晚。而对我们来讲，更重要的是，这场活动极大地提升了柔黛的知名度。很多媒体对活动进行了报道，我们和很多明星建立了更加紧密的联系，也获得了大量的公共关系资源。

那么，我们是如何选择并确保那些明星会来参加典礼的？

首先，我们把这些来宾分成五大类：评审团、主持人、提名候选人、获奖者和VIP客人。第一个要确定的是评审团成员。我上文提到过，她们主要是这些年来一直与柔黛保持良好关系的老朋友，请她们做评委能让她们感觉到自己也是这个盛典的主人，因此基本上她们都不会推辞，并且都会很乐意颁发其中的某一个奖项。

如何锁定剩下的人就比较复杂了，需要靠与各个明星的私人关系，或者是和她们的经纪人或公关代理商沟通联络。这中间的关系错综复杂，也很微妙，关键在于找到双方的平衡点。我举个例子阐述一下。

我们先打给经纪人A，告诉她我们想要邀请一线明星X参加典礼

（或者是给她颁发一个奖项）。经纪人A可能会推荐二线明星Y和三线明星Z参加，以代替或者衬托明星X。这时候我们会再打给经纪人B，对她说："嘿，A那边准备派明星X、Y和Z参加我们的典礼。我听说X和你们旗下的明星D是好朋友（D和X一样都是一线明星），我想问一下D是否愿意来为X颁奖？……是的，她们会被安排在主桌……是的，会给她们准备VIP伴手礼……"后面的一切就好办了。这些年来柔黛举办了多次庆典，我们很幸运（或者也可以说是很有策略）每次都能够请到绝大多数我们想要的一线明星，当然同时我们也会留出一些机会给那些崭露头角的新人。

一切进展顺利，于是我们准备把这个庆典活动一直举办下去。到了第三年，情况就发生了转变，很多明星的经纪人和公关公司开始打电话给我们，希望得到我们庆典的邀请。也就是说，现在我们可以挑选了，可以邀请那些顶级明星来参加，而且还不用担心被拒绝。

我们所颁发的奖项也逐渐固定下来了，庆典的奖项中分量最重的是"古典女性"（classic beauty），获奖者都是有着古典美的容颜并兼具无可挑剔的风格的知名模特和明星。前两年，这个奖项颁给了杰德·贾格尔和帕洛玛·费丝，之后的候选人中呼声最高的是雅斯门·勒·邦（Yasmin Le Bon）和艾拉·麦克弗森（Elle Macpherson），两人都是国际超级名模，获得的投票数也相同，这就给我们出了个难题，因为让她们分享荣誉是不合适的，这会降低这个奖项的美誉度。

于是我们转变思路，以此为契机设立了另一个特别的奖项——柔黛“年度女性”，并把这个奖项颁给艾拉，以肯定她在时尚领域做出的杰出贡献，这样雅斯门也就成为“古典女性”荣誉的唯一获得者。

在时尚界，艾拉和雅斯门都是鼎鼎有名的超级模特，她们的经纪人都向我确认她们会出席颁奖典礼。可是我还是比较忐忑，万一最后她们不来了怎么办？这是柔黛女性颁奖典礼全过程中我最担心的事情。各种活动都会出现嘉宾因为临时有事而无法参加的情况，这会带来一系列的后果，比如颁奖嘉宾在最后一刻接到通知，获奖人不来了，那么她就得放弃早已准备好的颁奖词，迅速想出救场的话，比如“……但是很遗憾，××不能和我们一起共度这个美好夜晚了，因为她有一个重要的拍摄活动……”或者“她让我向大家转达她的致歉和祝福……”诸如此类的话语。每到这样的时候，为了让活动正常进行下去，我们就得找其他合适的人来代表获奖者接受颁奖。虽然有些尴尬，让人不快，但这是颁奖典礼中的常事，所以见怪不怪了。

鉴于有过这样的经历，还有我自己小心谨慎的性格，我非常担心艾拉和雅斯门会在最后一刻不来了，但我想至少能来一个也行。

谢天谢地，她俩都来了，都亲自上台领了奖，并各自发表了精彩的获奖感言。我至今还对艾拉的获奖感言记忆犹新，她说她很高兴能受邀来到这里，这是一个为那些鼓舞、激励别人的成功女性而打造的舞台，能够登上这个舞台她非常激动。

第四年的颁奖典礼是让我们压力最大的一次。前一年艾拉获得了柔黛“年度女性”荣誉，这一年她还在我们的候选人之中，但是，评审团最终把这个奖项投给了凯特·莫斯（Kate Moss，英国超级名模）。于是我直接联系了凯特的经纪人，请她确认凯特是否能参加这次颁奖典礼。

经纪人答复说凯特参加不了。说实话，有些事情背后有复杂的原因，我已经预料到凯特可能无法出席，因为她是芮谜（Rimmel）品牌的代言人，出席柔黛的颁奖典礼并领奖可能会导致她违约。但是，我有一个同事说她和凯特是好闺蜜，凯特肯定会参加的。对此我将信将疑，但是这个同事也是个靠得住的人，她说她是直接和凯特本人联系的：“这事儿不用和经纪人联系，我和凯特是‘铁杆’，她亲口告诉我说她会来的。”好吧，话都说到这个份上了，我没理由怀疑我的同事。

但是没错，你猜对了，凯特最后确实没来参加晚会。我应该相信自己的直觉，或者说更应该相信自己的经验。不过，我的丰富经验也让我能够从容应对这样的突发事件。我认识凯特的御用发型师詹姆士，他就在现场，而且他也愿意帮凯特代领这个奖项。虽然大家都很紧张，但一切都对接得很圆满。

第五届柔黛女性颁奖盛典是柔黛历届颁奖典礼中最完美的一次。

那时，我们已经把颁奖地点换到了伦敦的圣马丁街，那里非常宽敞，因此是以落座晚宴（sit-down dinner）的形式举办盛典。我们请了劳拉·惠特莫尔（Laura Whitmore，爱尔兰著名美女主播）主持，甚至还请了英国著名的颁奖典礼编剧肖恩·坎宁（Sean Canning）亲自操刀，为我们编写了整场晚宴的串词。

柔黛年度盛典已经成为备受整个美容界和时尚界关注的年度重头戏，我们已经和所有的大牌明星经纪人建立了紧密的联系。基本上从1月开始，我们就会接到很多经纪人的电话，他们希望知道本年度柔黛颁奖典礼的安排，这样他们就可以提前规划，安排明星出席，同时向我们推荐一些新人。

对于明星来说，她们必须不断地推出新电影、新广告或者发行新的唱片，因此必须经常在像柔黛年度颁奖典礼这样的大型重要活动中出席，才可以出现在目标人群的视线里，这是保持明星热度的最好机会。

在第五年，我们拒绝掉的明星数量已经超过最终参加晚宴的明星数量，柔黛年度颁奖典礼已经成为伦敦最优雅、最富有魅力的年度庆典之一。我们的国际公关团队甚至提出，可以把颁奖典礼转到纽约、洛杉矶，甚至到欧洲大陆或者亚洲去举办，那可是一片更广阔的天地。

举办这样一场活动要涉及方方面面，从策划到实施，从对话文本到各环节的衔接，菜单选择、音乐播放、现场乐队表演、宾客名单确定、座次安排、VIP客人和评审团成员确定等，每一项工作都非常重要。明星都希望被邀请，她们的七大姑八大姨也想参加，但是空间有限，我们不得不让很多人失望。有一些人以前曾参加过我们的庆典，但是现在我们也无能为力。

庆典举办过程中我们遇到了一个问题，就是有一些人对于没能最终获得所属类别的奖项而反应强烈，尤其是那些博主，这是我完全没有预料到的。

在某一次颁奖典礼上，当我们宣布“年度美容博主”奖项的最终获奖名单后，一名候选人立刻怒气冲冲地离开了现场，很显然她本以为那个奖项是颁给她的……紧接着，她就在所有社交媒体上取消了对柔黛的关注。有些候选人如果没有获得自己想要的奖项后会在推特上表达失望和不满，甚至还会公开诋毁这个庆典活动。

我也不知道为什么博主们会这样，在我的印象中，奥斯卡颁奖典礼上，在宣布最终获奖名单时，大屏幕上会同时显示现场其他的候选人，而所有落选的人都会很优雅地鼓掌，祝贺获奖者。我也想在我们的颁奖现场看到这样的情景，大家互相尊重多好。总之，我们再也无法忍受这种情况，于是在第五年我们取消了“年度美容博主”这个类别的评选……在我看来，她们对待这个活动的态度过于私人化，掺杂了过多的个人情感，把各种不满都贴在网上，这对于双方来讲都没有好处。

我们同时还取消了另外一个类别的奖项，这个类别就是“年度化妆师”。一些候选人如果落选了也会对我们不满，不过比博主们要好一些。作为一个化妆品品牌，我们需要和很多化妆师合作，所以颁发这样的奖项让我们在获得一些朋友的同时也树立了不少敌人。

2014年的那一场柔黛颁奖盛典是我们举办的最后一场。那时我们的颁奖盛典活动已经有了很高的社会知名度，但是感觉有点变味，貌似各方博取关注的游戏。于是我想，既然这是我们最完美的一届，那不如就此华丽谢幕。

举办柔黛颁奖盛典的另一个原因是我们需要不断巩固现有和柔黛有关联的明星带来的粉丝群体，同时开发新的粉丝群。

在第五届柔黛颁奖盛典上，我遇到了黛西·罗易（Daisy Lowe，英国超模），她赢得了那一年的最高奖项——柔黛“年度女性”。她身处伦敦顶级时尚圈，这个小圈子有20多个人，包括艾里珊·钟

（Alexa Chung）和卡拉·迪瓦伊（Cara Delevingne）等，都是时尚达人，个个美艳不可方物，所有人都想和她们建立某种关系。我们聊得非常投机，颁奖盛典结束后没几天她还给我送了一束很漂亮的花。随后的几个月，我们在不同场合又遇到过几次，她总是充满活力，妆容随意但雅致，我很喜欢。

2014年5月，我们开始考虑在秋季的品牌推广中推出新的塑颜系列产品。我打算做一个品牌发布，而且希望让顾客感受到，这是一款全新的产品，而不是在现有柔黛系列产品上的延伸。

对于那些知名品牌来说，如果想要迅速给顾客留下印象，她们会怎么做？她们会请一个明星做代言人，让她成为品牌的形象大使。

每一次成功的背后都隐藏着无数次的辛勤付出。我们需要不断保持和提升柔黛在化妆品行业中的影响力，而这不是仅仅依靠给媒体送几套粉底和睫毛膏就能做到的，我们需要更加有效的行动。

我召集我的营销团队和公关团队一起开会，群策群力，探讨如何塑造品牌形象。

我们开始讨论请谁来为柔黛代言。当时我们刚刚请了米莉·麦金托什（Millie Mackintosh）做NIP+FAB的形象代言人，而且还没有收到媒体和市场的反馈结果，但是我们没时间等待。米莉的代言效果要到10月才能有分晓，而柔黛的这个塑颜系列产品11月初就要发布。

一个代言宣传活动要花很长时间。策划拍摄需要一个月，照片挑选要几个星期，考虑到很多杂志都是月刊，所以我们需要提前三个月就把照片发给她们。

时间紧迫，即便现在开始，我们也很可能赶不及。我们需要立刻决定是否要冒这个险。最后我们决定立刻启动，放手一搏。

我们打算至少到下一年才在美国市场上发布这个系列的产品，前期只在英国市场推出，因此我们决定就从英国本土的明星中选择一位代言人。这样的话，我们的选择范围就大大缩小了。我们意向中的明星主要包括艾里珊·钟、凯特·莫斯、罗茜·汉丁顿-惠特莉（Rosie Huntington-Whiteley）和黛西·罗易等。艾里珊已经和一些美妆品牌签订了合同，凯特和芮谜的合约还没结束，罗茜为玛莎百货（Marks&Spencer）拍的广告更是随处可见。我倾向于和比较了解的人合作，而此前和黛西的几次相处都很愉快，我很喜欢她。因此，从各方面来看黛西都是我们最好的选择。

和明星合作主要是和她的经纪人打交道。需要商定的事情很多，从合约期限到她们为品牌代言的具体时间（拍摄、媒体访谈和出镜等）、发型和化妆的费用预算、行程安排，甚至明星本人对于拟发布的宣传图片的选择审定等。从品牌方来讲，我们当然希望以最快的速度拿到照片，但是从明星那一方来讲，她们也总是要求更多的时间来挑选照片。

我的公关团队和黛西的经纪人具体对接合约的各项细节。从夏天开始她们就启动了商谈，但是在很多地方都有较大的分歧，因此直到9月合约还没有确定。在讨论合约细则的同时，我们也在为具体的拍摄做准备，确定的拍摄日期是10月中旬。我们定下了摄影师、造型师，请他们到办公室对接所有细节，包括人物的情感基调和造型等。我从一期法国版的*VOGUE*杂志上看到了几张照片，其摄影的方式、模特的表情塑造以及服装的样式我都很喜欢，我特地把它们剪了下来给大家做参考。

整个团队都已经准备就绪，我们把拍摄地点选在了位于伦敦帕森斯格林（Parsons Green）的沃克斯工作室（Worx studios）。具体的拍摄方案是：一个白天加一个晚上，四套服装，两种化妆造型。

直到预定拍摄的前一周，合同还没有最终敲定。有一些细枝末节的问题在我们看来无关紧要，但是她们的律师非常较真，因此谈判的过程比预想的长了很多。

就在拍摄前几天，我受邀参加一个时尚派对，碰巧遇到了黛西和她的经纪人。气氛有一点尴尬，毕竟工作已经快开始了而合同还没签订。我们简短地聊了几句，我向她们明确保证我们这边早已准备妥当，主要问题是律师会把简单问题复杂化。这次简单的交流迅速扫清了障碍，第二天就顺利签订了合约。

终于到了拍摄的那一天。在工作室里大家都很兴奋，也很紧张，因为我们的任务不仅仅是为明星拍照片，更是在为我们的新产品拍照片。从化妆、发型到服装，所有的细节都要协调起来，这很重要，因为如果不协调就会收到相反的效果，那会给品牌形象带来灾难性的后果。我觉得和以前相比，现在的拍摄技术有了很大的进步，而且照片可以实时上传到笔记本电脑上，能够立即查看每一处细节。那些照片都拍得非常好，我很满意！

在和黛西的合约中有一项内容是研发一款以“只有黛西”（Just Daisy）命名的唇彩，我们希望在2015年1月，也就是我们和黛西的合作进入第二阶段时推出。根据我们的计划，我们在前一年8月开始研发产品，10月生产出样品并向媒体发布，在来年1月由各专柜推出最终产品。但是由于和黛西的合约迟迟签不下来，而我们又必须提前做好准备，因此我们根据媒体发布的一些黛西的图片上她所用的唇彩特征作为预设，开始研发并下单生产。

就在拍摄的那一天，产品研发部经理兴冲冲地来找我，手里拿着一支唇彩，正是我们设计研发的“只有黛西”唇彩样品。她把唇彩拿给黛西，黛西看了看，然后把她叫到旁边去私下交流。

我感觉有点不对劲。原来，黛西不喜欢这个唇彩的颜色，认为这种颜色和她一贯的气质不符。我把唇彩拿过来仔细看了一下，确实不是我原本想象中的那样，我们设想的是一种红珊瑚色，而不是现在手头上的这种脏兮兮的橙色。我立刻打电话给对接生产的办公室了解具体情况，原来我们当时审定的确实是红珊瑚色，但是生产出来的最终产品出现了色差。

好吧，赶紧改。办公室负责人说幸好只是生产了几百支样品，我们赶紧让工厂按照正确的颜色重新做。但是随后却是一阵沉默，然后产品经理说：“有点小麻烦……因为这个是限量版，所以工厂已经把整批5000支全部生产出来了，现在都堆在仓库里呢！”

这让我有点懵。创业这些年几乎每天都会遇到大大小小的风险，这就是其中的一个——5000支不能卖的唇彩！

好吧，深呼吸，冷静一下。首先，我们按照黛西的要求把限量版的“只有黛西”唇彩做好，然后再来处理这批库存，因此当务之急是把来年1月要推向市场的产品做出来。在接下来的时间里，我们的团队和黛西的团队紧密合作，只用了不到1个星期就确定了唇彩的颜色，并在3个月内完成了整个研发和生产过程。

我们比原定计划晚了1个月，到了2月才将产品投向市场，但是仍在合同期限之内。那么，我们是怎么处置那5000支唇彩的呢？我们把“只有黛西”标签去掉，把它们免费赠送给了我们的职员和各地专卖店的店员，我可不想把辛苦做出来的产品浪费掉。

拍摄完成一个星期之后，我们精心挑选了一些照片，并且邀请多家媒体来采访。黛西和我坐在伦敦苏荷酒店的图书馆里，接受那些来自包括《红秀》（*Grazia*）和《优家画报》（*InStyle*）在内的顶级时尚媒体编辑的提问。黛西主要谈及她在美妆方面的一些话题，而我则主要回答为什么选择黛西做柔黛品牌新的塑颜系列产品代言人，以及这个新系列产品的特点。整个采访过程气氛很好，所有人都很开心，每一个记者也都拍到了他们喜欢的照片。随后的几周里，相关的新闻和杂志报道就相继出炉了。这次代言活动收到了非常好的效果，我们的新系列产品获得了很高的人气，黛西的代言也引起了大量粉丝的关注。

这次推出的塑颜系列产品中最主要的是一款奢华粉底，其拥有亮银色的金属框架和纹理状的仿皮表面，上面镶嵌着代表柔黛（Rodial）的字母“R”，光是包装就让人爱不释手。这款粉底是塑颜系列产品中的明星产品，有多种用途，可以在化妆的时候塑造轮廓、晕染、高光等，因此销量超好，被很多杂志推荐过，也是各种颁奖典礼上明星竞相使用的产品，包括为卡戴珊姐妹化妆的金牌化妆师马里奥·德迪瓦诺维奇（Mario Dedivanovic）在内的很多全球顶级化妆师都用柔黛的这款产品。它也是瓦尔·加兰（Val

Garland，世界知名彩妆师）为T台上的模特设计各种妆容时的选择。

通过举办庆典活动和请明星为产品代言，我们成功地把柔黛的品牌影响力从单纯的平面媒体扩大到了全新的领域，品牌和产品的形象也达到了前所未有的高度。

一夜成名
秘诀之八

如何举办一场成功的公关宣传活动

引起关注的最好办法是举办一场成功的宣传活动。这些年来，我开展过各种各样的公关活动，包括和特定的对象共进早餐、邀请博客写手开鸡尾酒会、举办VIP晚会和大师课等。

开展这些活动需要花费大量的时间、精力和金钱，但是，如果策划得好，将会为品牌带来非常大的影响力和关注度。

下面是我对于举办这样一场成功活动的

10点建议：

1.确定活动的主题。可以选择的主题有很多，可以是新品发布会、周年庆典、特殊节日、季节更替等，和其他品牌联合举办也不错。举办活动一定要有一个主题。

2.从一开始就要明确你所要达到的目标：让有影响力的人宣传你的产品，使你的产品在网媒和纸媒上占据一定的版面，在Instagram上成为标签，被广泛关注和转发。把这些目标写下来，逐条对照完成。

3.确定活动的方式和参加的人员。要考虑到你的邀请对象的日程安排，确定她们能否参加。根据我这些年来的经验，早餐聚会和晚间小酌比较合适，因为上班前和下班后的时间要自由一些。午餐时间对于很多人来说不太方便，来回的路上要花去大半天的工作时间。当然，具体问题要具体对待，如果你的目标对象只吃午餐，那当然也要跟着变通。

4.确定适合品牌形象的活动地点。如果你的品牌比较新潮，特点鲜明，那么地点的选择也要花点心思，不要选很传统、保守的地点。细节决定成败，喜新厌旧是人之本性，如果有适合你品牌的、能给人带来全新体验的地点，而且还在预算允许范围之内，那一定不会错。

5.在公司成立之后的起初几年，我们举办各种活动靠的都是公司内部的团队。即便现在，如果举办的是较为私密的小型活动，我们也还是自己组织。每一次我们都要确保有“足够的人手”来举办活动，以公司的公关部门为主，同时招募来自其他部门的志愿者。所有人都很乐意参加这样的活动，因此我们每次都有很多志愿者。举办这样的活动必须确保每个人都清楚自己的职责，提前做好规划工作。

6.现场的布置和装饰很重要，要能够凸显主题。从来宾到达时的欢迎海报到标着鲜明的品牌名称的产品和礼袋都可以用来装饰，记得添加一些鲜花作为点缀。

7.记得提醒来宾在社交媒体上发布相关内容。为品牌和活动设置关键词和标签，请来宾发朋友圈，扩大品牌在网络媒体上的影响力。

8.做一个背景展板，上面印有错行重复排列的品牌名字（就像通常宾客走红地毯时身后的那种赞助商名称展板），这也是宣传品牌的一个好办法。不过，一定要确保品牌名称可以出现在展板上。如果空间足够大，还能为来宾营造出走红地毯的效果，赢得更多的媒体宣传。

9.电子邀请函越来越普遍，我们也广泛使用，但是对于那些尊贵的客人来说，我们还是使用手写邀请函，这可以传递一种特殊的情感。如果你想要发一份邀请函，那么可以做细致一些，比如选择很别致的纸张、特别的颜色以及精心设计的样式。礼多人不怪，这样的细节往往可以带来特别的收获。

10.尽情享受派对时刻！基本上这一条说起来容易做起来难。我自己是经常会焦虑的，因为要考虑的问题比较多，比如客人会不会缺席、怎么确保客人度过一段开心的时光。我不断提醒自己要放松，要享受开心时光，我也在不断进步当中。

九

与卡戴珊姐妹同行

美国有一档很著名的真人秀节目，叫《与卡戴珊姐妹同行》（*Keeping up with the Kardashians*），节目收视率很高，不过我只是在拿着遥控器换台的时候偶尔调到过几次，从来没有完整地看过一集。当然，这并不意味着这个节目不好看，只是我更喜欢《纸牌屋》那种类型的剧集。关于卡戴珊姐妹的新闻到处都是，她们借助各种各样的媒体提高自己的曝光率，包括推特和Instagram等，而且她们是照片墙上著名的明星，秀了几千张自拍，粉丝无数。

最近几年我才注意到了卡戴珊家族的两个小姐妹：肯达尔·詹娜（Kendall Jenner）和凯莉·詹娜（Kylie Jenner），她们和家族的其他人一样有着极高的曝光率，上过很多电视节目，在各种社交媒体上的影响力甚高，并在电视节目之外通过多种渠道开创事业。我曾在香奈儿的时装发布会上见过肯达尔走秀，凯莉也曾代言过秀发洗护用品。她们在2014年被《时代》杂志评为年度最具影响力青少年（Most Influential Teens of 2014）。

对她们了解得越多，我越觉得她们的身上确实有某种魅力。于是，我也成了她们粉丝大军中的一员，和大家一起关注她们的照片墙，给她们的搞怪自拍点赞。

成为她们粉丝几个月之后的某一天，我正在Instagram上闲逛，无意中发现凯莉在拉斯维加斯发了一条照片分享动态，猜猜是什么内容，竟然是一张NIP+FAB的乙醇酸修复系列产品图片！哇哦！简直太棒了！过去的几年里，有很多知名化妆师都在宣传柔黛和使用NIP+FAB的各个系列产品，所以时不时就会有明星在用过我们的产品之后爱上它们，成为我们品牌的粉丝。有些我们知道，有些我们不知道。但是，如果知道某个大明星主动为我们做宣传，那当然是件很让人激动的事情。

凯莉发这么一张照片可能有很多原因，有可能是她爱上了我们的产品，迫不及待地想要和全世界分享（这是我最想要的原因），也可能是她随便找了一个素材做当天的发布。但是，不管是哪一个原因，对我们来说实际效果都是一样的，就是为我们的品牌带来了极大的关注。那时候NIP+FAB在美国相对还属于比较小众的品牌，而凯莉相当于是把它推荐给了她在Instagram上的2200万粉丝，并且迅速收获了差不多50万个点赞。

很显然，在惊喜过后我要做的第一件事就是将凯莉的发布迅速转发到我们自己的社交媒体上，而这件事也成为后来凯莉和NIP+FAB之间愉快合作的开始。

凯莉在社交媒体上的这次发布不仅让更多的人了解到了NIP+FAB这一品牌，更让很多人对柔黛品牌产生了兴趣。电话和邮件如潮水般涌来，都是想要进一步了解产品的，这也更推进了我一直以来在考虑的一项计划，就是如何通过“有影响力的人”来提升NIP+FAB的品牌影响力。我们团队在之前的内部讨论中一直有两种不同的意见，有人认为应该与明星合作，比如模特、影星、歌手等，也有人认为可以尝试与网红合作，比如有上百万粉丝的美妆播客Zoella等。现在凯莉的出现一下子解决了这个问题，她完全就是两种类型的完美结合。

我们都看到了凯莉在Instagram上的一张照片给我们的品牌带来的效果，因此我决定和凯莉开展正式的合作。2014年12月，我们和凯莉的律师正式开始商谈合作事宜。我希望她能够成为NIP+FAB品牌的形象大使，我们将为此举办一个隆重的发布活动，邀请她来伦敦和粉丝见面，并在众多的新闻媒体上进行宣传和推广。

商谈进行得很不顺利，前后整整花了4个月，而且有好几次我都以为我们要谈崩了。你可以想象一下，凯莉可是那时候名气最大的明星之一，她的日程总是安排得满满的，有很多节目要拍，有很多活动要参加，所以要想敲定一个具体的活动发布时间是相当困难的。虽然合同的商谈进展不顺利，但是发布会的其他准备工作却必须提前启动，要是等到签约之后再准备就太晚了，会导致更多的问题。因此，我们在商谈合约的同时就已经在寻找发布会的举办地点，预订酒店，筹备活动所需的各项物品。在那4个月里，我每天都要等到很晚才休息，等在洛杉矶与凯莉团队商谈的同事打电话来通报最新进展。

最终我们选定韦斯特菲尔德（Westfield）购物中心作为活动发布地点。韦斯特菲尔德位于伦敦西区的牧者丛（Shepherd's Bush），是伦敦最大的购物中心，包括Prada（普拉达）、LV（路易·威登）和Burberry（博柏利）在内的很多顶级奢侈品在此均设有旗舰店，里面还有很多高档商品、餐厅和影院等。

韦斯特菲尔德很知名，符合我们的品牌需求，我们最终和凯莉确定的日期是2015年3月14日，那天他们也没有其他活动，因此我们就这么愉快地决定了。

看起来好像安排得很完美，其实不然。在确定活动地点和订酒店的过程中，我们始终小心翼翼，没有透露关于活动嘉宾的任何信息。俗话说言多必失，我们不想让媒体或者任何人知道凯莉将成为NIP+FAB的品牌代言人，所以当然也没有提前告诉韦斯特菲尔德准确的嘉宾信息，我们只告诉他们这是一个“大明星”，而且需要安保措施。对于韦斯特菲尔德购物中心来讲，来过的大牌明星很多，承办这样的活动早已驾轻就熟，他们理解保密需求，所以也没有多问。

距离发布会还有一周时间，我们和韦斯特菲尔德的项目经理和安保负责人开了个碰头会，讨论关于安保车辆和出席明星的接送安排问题。这时候我想，活动即将开始，出于礼貌我也应该告诉他们主要嘉宾的信息了，于是我对他们说："这位大明星是凯莉·詹娜。"我的语气中带着掩饰不住的自豪，可是，回应我的却是一阵沉默。"就是那个，卡戴珊家族的小女儿……"我挤出一丝微笑，补充了一句，可是这却让气氛更加尴尬。

终于，他们的项目经理打破了沉默："很抱歉，卡戴珊家族在韦斯特菲尔德购物中心的恕不接待名单上，您不知道吗？"

那一刻，我恨不得杀了我自己。

实际上，是我自己没注意到2012年11月发生的大新闻。当时卡戴珊家族五姐妹中的考特尼、金和科勒与英国百货公司BHS的老板菲利普·格林（Philip Green）合作，在韦斯特菲尔德购物中心举办女装品牌Dorothy Perkins发布会。本来的计划是在大厅中搞一个签名活动，结果数千名青少年在商场外面彻夜排队，活动开始后立刻陷入混乱，排队的粉丝冲破了警戒线，有些人趁火打劫，而且还有不少人受伤。这个事件发生后，韦斯特菲尔德购物中心宣布他们不再承接任何与卡戴珊家族成员有关的活动。

事已至此，只能硬着头皮尽力挽救，否则就前功尽弃了，我们已经在顾客中做了评选，给了一些参会的VIP名额，也给很多媒体发了隆重的预约邀请，这个发布会无论如何也要办完。韦斯特菲尔德购物中心看到了我的无助，经过仔细研究，他们终于同意破例，但这也意味着需要做很多额外的工作：安保人员需要增加两倍，要提前通知警方维持秩序，需要有救护车随时待命，单子越拉越长，费用直线上升，可是我们无法接受那样的天价费用，于是我们只能继续想办法。

我详细分析了2012年的那个事件，主要有这么几点：那场发布会是完全公开的，同时伴随着一系列的促销活动，事前有大量的新闻报道铺垫，而且举办的地点就在商场的中央大厅。于是我有了一个主意：虽然这个大厅正是我们本来打算举办发布会的地点，不过既然我们还没有正式对外透露，那么我们何不就以比较隐秘的方式在小范围内召开这个发布会呢?

地点的问题很快解决了，韦斯特菲尔德购物中心的经理建议我使用中心的一间影院，这样既可以采取剧场式的现场布局，凯莉也不用从商场的大厅进出，相对要安全得多。不过我们还是要对外宣布凯莉和NIP+FAB的合作，还是要通知媒体我们活动的准确地点，而消息一旦公布，还是可能会迅速传播，成千上万的粉丝可能会挤爆韦斯特菲尔德购物中心。

经过仔细权衡之后我们决定，提前对外发布凯莉将与NIP+FAB合作并成为我们品牌大使的消息，但是对发布会的地点严格保密，直到最后一刻才向公众透露。毕竟，我们举办这样的活动最直接的追求就是曝光率，假如只有凯莉和我两个人坐在那里大眼瞪小眼，媒体也就没有什么兴趣，更不用说能有多少报道了。

于是我们通过官方渠道正式公布了与凯莉的合作事项，活动的名称定为“伦敦24小时——与凯莉·詹娜同行”，很多媒体立刻开始跟进。

活动将近，所有人都在紧张而有序地忙碌着。我们在伦敦的艾迪森酒店（Edition Hotel，万豪旗下奢华概念酒店）为凯莉订了一个套房，将房间中原有的化妆品全部换成NIP+FAB的各种产品，包括沐浴露、润肤霜、面霜、精华等，还为她准备了一个专门定制的绣着凯莉名字缩写的斯迈森盥洗包（Smythson，英国豪华文具和皮具配件经典老品牌）。我给她留了一张便条：

“亲爱的凯莉，欢迎来到伦敦！我非常期待即将到来的24小时，让我们嗨起来吧！玛丽亚亲笔。”

那一周里我几乎寝食难安，直到凯莉登上从洛杉矶飞往伦敦的班机之后我心里的石头才落地。几个月来，我一直处在紧张和焦虑当中，我们为这个活动投入了大量的人力、物力，活动好几次处于失败的边缘，我们承担了很大的风险。

距离活动开始还有24小时，我们终于把“秘密地点”通知给了各家媒体、美妆行业的VIP以及其他获得入场券的幸运嘉宾。我很喜欢这种满怀期待的感觉，它让我想起了读大学时参加狂欢派对之前，坐在小酒馆里焦急等待别人告诉你派对地点时的心情。而且，现在的情形是我知道而别人不知道，这种“就不告诉你”的感觉让我更喜欢。

知道凯莉要来，狗仔队早早就等在了机场。我还没见到凯莉，网上的新闻和配图就已经出来了，都是关于凯莉在机场谈及她来伦敦与NIP+FAB合作，成为NIP+FAB的品牌大使。太好了！这正是我们想要的效果。

和凯莉同行的还有她的经纪人伊丽莎白·伍兹（Elizabeth Woods）和化妆师罗伯·斯凯普（Rob Scheppy）。罗伯是从巴黎飞过来的，此前的一周里他一直在为凯莉同母异父的姐姐金·卡戴珊（Kim Kardashian）化妆，为她设计了一款铂金色新发型。此前我们和伊丽莎白一直保持着紧密的联系，她告诉我们凯莉想要在伦敦逛一逛，于是我们准备带她去伦敦眼（the London Eye，伦敦地标建筑，世界第三大摩天轮）。

我带了团队里的几个人去艾迪森酒店接凯莉，虽然我们在电话里聊过几次，但是从来没有见过。她的发型和妆容堪称完美，穿着高筒靴和缎子上衣。我穿着双层底的高跟鞋勉强和凯莉一样高。

我们的人一共有十来个，当我们在伦敦眼下车时，立刻就被一大帮记者包围。凯莉在同伴们的掩护下迅速突出重围，可是穿着双层底高跟鞋的我要跟上她们实在是太难了……虽然沿途一直遭到狗仔队的围追堵截，但是我们还是度过了一个愉快的下午。我们在著名的日式餐厅Nobu吃了晚餐，然后早早地回到酒店休息，毕竟，明天是个大日子。

第二天的工作从拍照开始。我们先是在艾迪森酒店给凯莉拍了一组照片，从中选择一些用作NIP+FAB品牌形象大使的宣传发布。上午9点，凯莉已经准备就绪，妆容和发型无可挑剔，一点都看不出受时差影响而睡眠不足的迹象。在整个拍摄过程中我们也进行了一些录影，因为需要从中选取一些片段在品牌账号的社交媒体上进行发布，同时还可以将其上传到YouTube。整个拍摄过程非常顺利，除了开始的时候发生了一个小插曲：化妆师罗伯·斯凯普迷路了，不过我们很快把他找了回来。

接下来的一天就像是拍电影，我们分头乘坐加长豪华轿车前往韦斯特菲尔德购物中心，穿着黑西装的安保人员紧张而有序，他们抬起手臂，通过隐藏在袖口里的麦克风讲话联络，引导我们从购物中心的后门下车，然后进入像迷宫一样的内部走廊。

那些走廊七拐八绕，要是我们当中谁拐错了一个弯儿，我估计就会一直迷失在里面，永远也出不来了。在迷宫里走了好久，最后我们终于从一个秘密出口钻了出来，这个出口好像是建在一个史努比狗造型的书架后面。之后，我们就进入了影院的VIP包间，准备下一个拍摄环节，而这才标志着凯莉和NIP+FAB品牌合作的真正开始。

我们先是在休息室坐了一会儿，这里有饮料等，大家可以稍作休息。然后我们就像其他一些发布活动一样出去在媒体面前走“红地毯”，只不过这次的地毯不是红色的，而是我们NIP+FAB品牌的蓝色。

走上地毯的那一刻我几乎不相信自己的眼睛：前面至少有上百个记者端着相机在疯狂拍摄，电台的采访记者高声地叫喊着我们的名字，希望我们接受他们的采访。太不可思议了！我感觉像是在做梦一般。我看看凯莉，让我惊讶的是她看起来非常平静，一副宠辱不惊的样子。我仔细想想也就明白了，这样的场合对我来说像是一场梦，但对于凯莉来说只是日常生活的一部分，她早就习以为常。

我们坐在舞台中央接受媒体采访。先是一个用于暖场的现场Q&A（问与答）访谈，台下掌声和尖叫声不断。除了媒体之外，我们还通过NIP+FAB的官网给我们的客户和凯莉的粉丝发了200张入场券。现场座无虚席，看来我们对活动地点保密并在最后一刻公布的策略非常有效。

我们请来了著名的MTV主持人贝卡·达德利（Becca Dudley）为

我们主持，其中的一个问题是为什么我们会选择凯莉做NIP+FAB的品牌大使。凯莉说这是她最喜欢的化妆品品牌，而且分享了一些她在化妆和造型方面的心得体会。整个大厅回荡着我和凯莉说话的声音，我非常紧张，完全不记得自己当时说了些什么，当时脑子里唯一想的就是：坚持住！很快就结束了。

Q&A环节终于结束了，等我回过神来，贝卡已经在向现场观众致感谢辞了。接着我们回到艾迪森酒店吃午餐，终于可以缓一口气，不用那么紧张地面对媒体和记者，能够享受片刻平静。经过简单的休息调整之后，下午我们继续接受《红秀》和《人物周刊》的专访和录影，最后则是和《优家画报》搞了一个茶话会。凯莉和我还在快乐照相棚里拍了一些搞怪的合照，这一天对我来说真是充实而快乐。

关于NIP+FAB和凯莉合作的内容在媒体和社交网络上着实火了很长一阵子，我们前期付出的辛勤努力收到了丰厚的回报。那天采访过程中凯莉为NIP+FAB品牌宣传的是Glycolic Pads[①]和最新推出的血竭系列产品，之后这些产品销量猛增，到现在依然还很畅销。

---

① 一种改善肤质的化学成分。

不过，请明星代言产品这样的事情也不总是一帆风顺，有时候也会失败。在和凯莉成功合作之后，我们考虑再请一位更“成熟”的明星合作，希望为品牌吸引更多的受众。这里所说的“成熟”是模特领域里对于外在表现力的描述，和现实生活中我们所说的成熟的含义完全不同。

比较理想化的人选应该在英国和美国都有较高的人气，日常造型比较有品位，媒体和粉丝能够认可她与柔黛品牌在内在气质上具有关联性。

经过仔细挑选，我们确定了一位30岁出头的模特，她住在洛杉矶，刚刚生完小孩。我的团队立刻和她的经纪人开始接触，商谈合作事宜。

我们打算邀请她做NIP+FAB的品牌大使，并做了一整套方案，包括去洛杉矶做推广宣传、为她拍一个宣传片、邀请媒体记者召开发布会等。双方通过电话和邮件往来沟通了1个多月，最终确定了面对面商谈的日期。这种合作洽谈很费时费力，不过我们已经就绝大部分内容达成了一致，而且也订好了去洛杉矶的航班，双方的公关部门将正式就合同文本进行磋商。这时候距离确定的拍摄日期只有10天了，万事俱备，只欠东风。

之前我们一直通过邮件保持频繁的联络，可是突然之间她们不再回复，似乎有点反常，因为按计划我们很快就要签约了。不过我们也没有多想，此前我们和凯莉合作的时候，也是到了最后几天才敲定合同，而且后面一切进展得也很顺利。所以，我们猜测可能是她的经纪人很忙，没顾得上回复，应该很快就会回到正轨。

就在我们准备出发去洛杉矶的几天前，我早上醒来，第一件事还是和往常一样登录我的Instagram账户，看看朋友圈里有什么更新。当我滑动鼠标滚轮，浏览大家昨晚发布的照片和评论时，突然被一条消息给吓蒙了。

这位即将成为我们NIP+FAB品牌形象大使的超级模特发了一条朋友圈状态，图片中显示的化妆品居然是与我们存在竞争关系的另外一个化妆品品牌的产品！而且她还发了几句评论，说她有多么喜欢这个品牌的产品！我没有看错吧？还有不到一周的时间我们就要签约了，她怎么可以在这个时候公然为我们的竞争对手做广告？当时大概是早上6点钟，但是我的手机已经响个不停，全是我的下属发来的信息，她们和我一样感到震惊。

顾不了那么多短信了，我一边往公司赶，一边打电话给团队成员让她们赶紧到公司开紧急会议。

实际上我根本不用打电话给她们，因为她们都已经早早到了办公室，正在商议对策。现在我们怎么办？这位即将成为我们品牌大使的明星毫无征兆地狠狠耍了我们一回！虽然我们一直坦诚相待，但是，因为她的经纪人一直没有回复我们，所以合同还没有最终签订，不过这也意味着我们可以不用再理会她，从法律上讲我们是无过错的一方。

我们和品牌代言人之间的关系是建立在互相信任、互相包容和互相尊重的基础上的，这次事件让我有种被羞辱的感觉。虽然我们还没有正式签约，但是在正式合同签订前不到一周的时刻在社交媒体上公开发布那样的信息，从法律层面讲完全没问题，从道德层面看就非常不妥了。任何一个品牌的形象大使都应该向大家展示这样的信息：我最喜欢我所代言的品牌的产品。

对于我们来讲，我们不可能在她为我们的竞争对手背书的情况下还强颜欢笑对媒体谈我们的“愉快”合作，这是无法容忍的。我们已经为此付出了很多努力和高昂成本，机票、宾馆、摄影工作室都已经订好，而且连专访和独家报道的媒体都已经预约妥当，现在这一切努力都付诸东流。尽管如此，我们的想法都是一致的，就是及时止损，直面所有的后果。

现在回想起来，当时的决定是完全正确的。我们必须坚持自己的价值观，不能只为合作而做没有原则的事。我们向媒体做了必要的解释，然后翻过这一页，继续向前走。

一夜成名

秘诀之九

影响有影响力的人

提高品牌知名度和影响力的关键在于为产品制造话题，让媒体、明星提及和谈论你的产品。此前我们主要考虑的是如何以较低的广告成本让产品登上那些最畅销的杂志，近年来网络媒体越来越重要，应重视通过博客、播客和照片墙等渠道制造正面的话题和新闻。借助明星影响力的一个好办法就是不花钱让她们接触到你的产品。以下是我的具体操作步骤：

1.选定一些你想要接触的有较大影响力的明星。

2.做一些调查研究，确认一下她们目前和哪些品牌有合作关系，对这些品牌进行分类。

3.将目标对象缩小为那些合作品牌与你的品牌没有竞争关系的明星。

4.找到这些明星经纪人的姓名、地址等信息。

5.给经纪人寄两份产品，一份给她自己，一份给她代理的明星。

6.随附一张精心挑选的漂亮卡片，手写几句礼貌的问候语。

7.一周后发一份邮件给经纪人，询问一下是否收到了产品以及使用的感受。

8.一般情况下，经纪人会说谢谢你，她们已经收到了你的产品；如果运气好的话，可能那位明星会回赠你一张小卡片。

9.停止联系她们，因为你一直主动联系会给人留下死缠烂打的印象，引起反感。

10.当你的品牌有新产品推出时，重复这个步骤，继续给她们免费赠送产品。

成为社交媒体名人

在社交媒体出现之后，要想留住生活中的点滴一下子容易了很多。我加入社交网络的时间比较晚，几乎比我所有朋友都晚加入脸书（Facebook），而且也不怎么用。在社交媒体刚刚出现的时候，我其实是有一种抵触情绪的，因为我不太能理解为什么要把自己的生活和那些陌生人分享，或者是在网上和朋友分享他们已经知道的事情。我已经结了婚，并不想通过网络寻找另一半，而且我感觉自己也不需要通过网络认识更多的人。我已经有很多朋友，而且我很忙，每天的日程都安排得满满的，连和朋友联系都没时间，怎么还能在社交网络上去浪费时间呢？

我也不太能理解为什么有很多人会喜欢在他们的个人主页上发那么多的照片，有他们自己，也有他们的家人，还有聚会、度假等各种活动，而且照片基本上拍得都不怎么样，还总要求别人留言评论。不过，看到大家都这么干，我还是在脸书上注册了账号，只是注册之后就再也没登录。

现在回想起来，我当时还是应该用它发一些东西的，比如我们新产品的发布、新闻发布会的召开等。

在2011年的秋天，我第一次接触到推特。考虑到正在读这本书的你可能来自没有推特的另一个维度，或者来自推特早已消失的遥远未来，那么我还是先介绍一下推特是什么吧。怎么听起来难以置信，可是谁知道呢……

推特是一种在线的社交服务，使用者可以编写、发送简短的文字信息，同时也可以看到别人的信息，这些短信息就叫作“推特”。推特诞生于2006年，很快就风靡全球。截至2016年9月，它在全球有6.95亿用户，其中超过3.42亿人是活跃用户。一条推特的上限字数是140，我很喜欢这个设定，因为看起来很简洁，不需要图片，也不用费尽心思组织语言，而且它不要求互相关注，你可以关注你感兴趣的任何人，任何人也都可以关注你，这也是个不错的设定。

在看了几个月别人的推特之后，我决定开一个自己的账号。那是2012年12月30日，我在推特上完成了注册，并且计划在新的一年里花点时间把这个账号完善一下。注册账号首先要有一个用户名，而我的姓很长，也很难拼写，很少有人能一次写对过。注册的用户名最好比较简单，便于记忆，而且最好能有个人特点，于是我最终给自己注册的账号是@MrsRodial。

注册完成之后该怎么做？我开始关注我的朋友，还有一些杂志、媒体、博客，希望有一天他们也会关注我，也就是俗称的“互粉”。最开始我只有3个粉丝，我希望粉丝数量能很快涨到几百、几千个。当时我正和家人在纽约，而且刚好是圣诞节，所以我有很多东西可以发，从参观大都会博物馆到去意大利斯普莱利（Cipriani）餐厅吃午餐，还有去百老汇看音乐剧，等等。我终于发现社交媒体很有意思。

从加入社交网络的第一天起，我就决定我的账号将是我的私人空间，我将主要用它来发布我的日常生活、一些感兴趣的媒体新闻和明星朋友等，若无必要，绝不用来发布和柔黛品牌有关的信息。此外我偶尔也喜欢发一些正能量满满的文字，因为这些文字不仅能激励我的粉丝，更重要的是能使自己鼓足干劲。

从纽约回来之后，我就让团队的工作人员为我们的两个品牌注册了推特账号，分别是@rodialskincare和@nipandfab。由谁来管理这两个推特公众号呢？经过仔细思考，我决定由公司的公共关系部门负责，因为他们一直以来都在做很多相关的事情，包括产品发布、活动策划、明星联络等。此外，我们需要为日常发布的推特内容定一个符合品牌定位的基调，柔黛更精致、成熟，也更奢华，而NIP+FAB则更年轻、时尚，没那么严肃。虽然品牌有区别，但是具体的管理工作是由同一班人马进行的。

脸书刚推出的时候我的态度是不置可否，但是现在我的态度改变了，我知道必须认真对待社交媒体，它们已经成了外界了解品牌的主要渠道，所以我必须对品牌公众号发布的内容有充分的掌控。如果我不闻不

问，或者是让几个实习生去打理，那就很可能重蹈我创业之初在商标设计上的覆辙。（参见本书第三部分内容）

我知道什么东西是品牌成长最需要的，所以我定下基调和方向，我的团队负责具体执行。这些年来我看过很多发生在其他品牌身上的故事，比如某个品牌负责公众号维护的助理某个晚上在酒吧喝多了，在公众号上现场直播，给品牌带来无法挽回的损失。我不能容忍这种事情发生在我的品牌身上，当然，我不是说我的公关团队成员会做那样的蠢事，只是小心驶得万年船。

我们有很多东西想要和粉丝分享，所以有这样的一个平台真的很棒。

以我们承办的柔黛颁奖盛典为例，我们发了大量相关的推文，从获得提名的明星名单，到盛典当晚她们的穿着打扮，当然还有最终的获奖名单。有时候明星会发推文表达她们对我们的产品的喜爱，然后我们就会转发，分享给更多的粉丝。

但是，如同我前面提到的，这是一个全新的社交平台，我们需要学习很多新知识。我的公关部门中也没有人有相关经验，没有“社交媒体专家”给予指导。于是，我采取了之前对于未知领域的应对方法：我从亚马逊上购买了几本书，如《教你发推特》《推特菜鸟必读》等，并花了一个周末的时间迅速读完。

我做了读书笔记，并在我的个人推特账号上做了一些实际的运用操作，然后在周一的例会上给我的公关部门人员进行专题辅导，告诉她们哪些内容应该发，哪些内容绝对不能发。我每天都会看她们发的推文，并进行点评。另外一种学习方式就是看别人怎么发，他山之石可以攻玉。刚开始发推特的时候可能会有点不自在，有种被强迫的感觉，但是随着时间的推移就会慢慢习惯，产生渐入佳境的感觉了。

@rodialskincare和@nipandfab这两个品牌的推特公众号是由我的公关团队负责管理，不过一直是在我的监督指导之下。我个人的账号@MrsRodial则百分之百由我自己打理。

我承认我已经有点“沉迷”于推特，无法自拔了。开心的时候会想分享，不开心的时候就想发泄，粉丝的留言和评论绝大部分都是鼓励和支持，但是也有极少部分的内容是负面的，毕竟评论区是个开放的网络空间。我每隔一会儿就会打开看一看，每天都要发好几条推文，清晨、深夜和周末都不停歇。推特已经成为我日常生活的一部分，让我欲罢不能。后来我发现，有些人会在追一些很火的剧集时同步发推特，我觉得这个做法也不错，所以我正盘算着追一部剧集，然后边看边发，把我的感想发出来和粉丝交流。《X音素》（*The X Factor*）应该是个不错的选择，我已经等不及告诉大家我的想法了，真是想想就激动。

我同样也喜欢在有重要庆典的时候边看边发推特，比如奥斯卡奖和金球奖的颁奖典礼。有一些明星会使用我们的产品，这时候我会就她们的妆容发一些评论。在推特这样的社交媒体上的互动让我有一种感觉，就是有一些人虽然在现实生活中完全不相识，但是在网络上已经是很熟悉的朋友，因为我们好像正坐在同一张沙发上一边看颁奖典礼一边闲聊。

我会实时地把自己的真实想法发出来，我在自己的个人推特账号上从不做提前计划好的发布，也不会像写剧本一样字斟句酌，一直都是想起什么就发什么。

我现在也还是按照这样的原则在做，这让我的推文始终很有活力。有时候我会发关于新产品发布的消息，有时候是关于我正在参加的一个活动，等等。**不同类型的推文会带来不同的评论，而且受到的关注程度可能会出乎意料，**比如某个新产品刚刚上架销售的推文获得的评论远不如我刚和某人在咖啡馆喝咖啡聊天的推文获得的评论多。所以，我发推特的策略就是没有策略，我什么时候想发就什么时候发，如果不想发就坚决不发。因此我的推特内容看起来很随性，也很直接，我会和我的粉丝分享我的新年目标、我的健身计划，甚至减肥的全过程。

我的粉丝很喜欢我的这种风格。我的@MrsRodial账号成了很多人关注的账号，我没有矫揉造作或者藏在面具后面，她们喜欢这种真实的我。能够让粉丝快乐，给她们鼓舞和激励，我也觉得非常开心。打理我的推特账号成了我的另一份日常工作。

我每天起床后的第一件事和睡觉前的最后一件事都是上推特，虽然推特占据了我的很多时间，但是我从中也收获了很多乐趣。

这种在社交媒体上把美妆品牌与个人形象关联起来的做法很独特，我或许是第一个这样尝试的人。它让顾客与品牌之间的关系更近，也更亲密。在这个平台上，我可以非常坦率地表达我的喜怒哀乐，分享我对我们新产品的想法。而且，和品牌公众号的粉丝相比，我个人账号的粉丝中也极少有人会表现出挑剔或者冷嘲热讽的样子。这是为什么呢？

这是因为，在这里和她们交流的是我自己，是一个有血有肉的人，而不是冷冰冰的一个品牌。我的推文中不仅有和产品相关的部分，还有很多其他日常生活中的东西，比如急急忙忙赶飞机、去健身房锻炼身体，或者是正垂涎于一款漂亮的鞋子，等等，不论它们与品牌是否有关联。这种亲密感是人与人之间才有的，不可能在品牌与人之间产生。这种关系也很真实，因为我的个人推特很随性，完全是我日常生活的写照，我可以在娱乐和启发粉丝的同时展现我的想象力和创造力。

其实，细想一下，我的每一条推特都能被所有人看到并评论、转发，这听起来似乎有点惊悚。那次凯莉·詹娜在伦敦，我们一起工作了一天，我发的一条推特就被某家媒体转载，当作是NIP+FAB品牌和凯莉合作的官方声明！

幸好我对那条推特的内容还算满意，没有什么不妥之处。不过自那以后，我发推特的时候就多了一个心眼儿，因为你根本不知道谁在看你的推文，他们会用你的推文做什么。

随着时间的推移，我发推特越来越得心应手，我的团队也有了很大的进步。能用来发推特的材料是取之不竭的，从办公室日常到新品发布，从推出一款特别颜色的新口红到请某个明星为产品代言，以及一些活动全程的图文播报，等等。虽然很多时候并不一定要发图片，但是有那么多令人激动的瞬间，我们觉得很值得与大家分享。

短短几个月的时间，我在推特上的粉丝数量从几百人涨到几万人，而且我的努力也在其他方面得到了回报。哈维尼克斯公司、《设计师》（*Stylist*）杂志和很多其他杂志都请我帮他们代管推特账号，我都愉快地接受了。有很多人问我社交媒体方面的问题，我也乐于给他们做辅导。这是一件让我乐此不疲的事，能够让我始终激情满满，以一种很直接的方式和顾客或者粉丝交流。

在发了几年推特之后，我开始注意到另一个社交媒体——Instagram。我的很多朋友都早已在用Instagram，在上面关注最近流行的东西和寻找灵感。我一开始的想法是："推特已经成了我日常生活的一部分，我哪里还有时间去打理另外一个社交平台？”

我的朋友极力向我推荐，说Instagram上有很多新潮好玩的东西，很多明星都在用。我点进去学习了一会儿，发现Instagram上可以发很多照片，这个功能我很喜欢，但是我想在发布照片之前应该会先仔细地挑选，所以这肯定还是要花不少时间的。经过仔细思考，我还是注册了，仍旧将@MrsRodial作为用户名。

我做事从来都不会敷衍了事，要么不做，要做就做好。在注册了Instagram账号之后，我就决定好好打理，发一些高质量的图片，和粉丝进行良好的互动。我已经在推特上有了比较成功的经验，现在首先要做的就是把部分粉丝转到Instagram上。

我先上传了《优家画报》为我拍摄的一组照片，这种类型的照片在Instagram上是比较受欢迎的，而且我还可以与粉丝交流照片拍摄过程中的故事，这会让小小的照片分享更加完整。这并不是单纯的几张美丽照片，这是按照设计好的分镜头整整拍摄了一天的成果，若不在Instagram上与粉丝分享简直是一种罪过。这一组照片包括了拍摄前、拍摄中和拍摄完成之后这三个时点，在最后的照片中我的发型和面部妆容才最终确定，整个过程给人的感觉棒极了。

夏天的一次度假我也拍了很多照片，为我的Instagram提供了不少素材。一望无际的大海，泳衣、沙滩鞋，还有摆在沙滩上时不时出镜的柔黛产品，就是这么简单。

平时我也留意拍摄一些生活中的东西，比如我正在看的杂志、放在桌上的一杯咖啡，还有咖啡杯旁边的一副太阳镜，把几个元素拍到一起会有一种比较特别的效果。偶尔我也会分享一两张与柔黛产品有关的照片，不过我会精心设计一个比较特别的角度，或者分享一些与这个产品有关的故事，但是极少这么做，因为我不想把我的照片库变成柔黛护肤品大全。

开始的时候我都是直接用我的苹果手机拍照片，所以照片质量可想而知。随着在Instagram上发的照片越来越多，我就买了一个索尼的数码相机镜头，随身携带，一有空就拿来拍照。现在我对自己的要求是如果照片没有美感，那就不要发。从我十几岁为杂志社工作开始，我就产生了要自己拍摄能在杂志上发表的漂亮照片的想法。如果你有发现美的眼睛，而且又有最新的拍照设备，那么即便不是专业摄影师，你也可以拍出美丽的照片。

2014年9月，我的Instagram发布已经正常化了，我每天只发两次，一次是在清晨，一次是在晚间，这样可以让我与不同时区的粉丝保持关联，而且也能确保每次发布照片的数量和质量。假如我正在度假，或者有什么重要活动，那么我会多发一些，但是一天绝对不超过4次，因为过犹不及，如果刷屏的话会引起反感。

因此，Instagram我也玩得很不错。它新推出了一个功能，叫“照片墙故事”（Instagram stories），可以像幻灯片一样播放一组照片，讲述一个故事，而且24小时之后就会消失。这个功能挺有趣。我已经有了很多粉丝，也有很多照片和视频素材可供编辑，但是我的时间是有限的，已经挤不出额外的时间再发照片墙故事，因此也就放弃了。

那么，其他的那些社交平台呢？我在品趣志（Pinterest）上也注册过，因为不喜欢所以没几天就放弃了。色拉布（Snapchat，因为只保留24小时，所以也叫“阅后即焚”）也是我比较喜欢的一个社交娱乐平台，我曾经注册过一个账户，每天都发一些照片上去，但是几个星期之后我决定退出。为什么？因为辛辛苦苦选出来发布的照片24小时之后就会消失，这种设定我实在不太能接受。而且，我后来决定只专注于一个社交平台，并尽力做到最好，毕竟我还有另外一份正经事业要做，就是柔黛和NIP+FAB这两个品牌的运营管理。此外，我对于色拉布的功能和定位也有点疑虑，究竟它是帮助人们发挥想象力和创造力的工具，还是那些不懂事的小屁孩晒自拍的平台？这个问题的答案终归会见分晓。

一夜成名
秘诀之十

如何通过社交媒体塑造个人形象？

1.挑选1～2个社交平台，精心维护，因为如果你有一份全职工作的话，选择太多只会得不偿失。

2.你不能只发不回，每天要花15分钟回复别人的评论，点几个赞，要和粉丝交流。

3.主题要鲜明，而且不要跑偏。如果你是做高级时装的，那么就发漂亮的衣裳；如果你是做餐饮的，那么就发各种各样的美食。你需要培育一个粉丝群体，他们关注你是因为他们想要从你这里获得信息、激励和灵感。坚持自己的初心，不要让粉丝失望。

4.确定要不要开两个账号，一个给你的品牌，一个给你自己。如果你有时间也有素材，我的建议是开两个。

5.从读者的角度出发思考你该发什么。你不能一直用社交媒体来推销产品，而是应该为粉丝无偿提供一些东西，给他们激励、启迪，解答他们的问题，只在合适的时机偶尔给产品打个广告。

6.在形象的塑造和维持上，高质量的照片很重要。所以，不管是请专业摄影师还是你自己亲自拍照片，一定要保证照片的质量，照片风格需要和品牌形象保持一致。

7.控制每天发布的次数，不要刷屏，如果发太多会引起反感。我在Instagram上每天发2~4次，我觉得这是比较合适的。

8.选择在最合适的时点发，比如阅读高峰期。我喜欢在早晨发，因为很多人会在上班前或者在通勤路上看Instagram；另外，午饭时间和晚上6—8点也是不错的选择。

9.标签的用处也很大，可以让更多的人更方便地搜索到你。选择比较合适的行业和品牌用语作标签，要少而精，多了就给人感觉像垃圾桶，适得其反。

怎么拍摄好看的Instagram照片？我的经验如下：

1.可以用你的手机拍照，不要用Instagram程序直接拍，因为用手机拍了之后可以更方便地进行编辑美化，而且手机相机拍出来的图片整体上质量更高，后期处理的空间比较大。

2.寻找灵感。多看看Instagram上人气比较高的博主的主页照片，学习借鉴品趣志和汤博乐（Tumblr）上的图片，把它们拍下来，有空就拿出来看看，尝试模仿着拍摄。你也可以找一找比较流行的标签，了解大家都在拍什么。

3.拍一些触动到你的、你感兴趣的或者能够体现你的个人特点的照片，这样你的照片才能和你的个人形象关联起来。

4.光线要好！对于照片来说，光线是否合适至关重要。自然光是最好的，假如没有的话，可以试试加各种滤镜，调整色彩饱和度，寻求最佳的效果。

5.拍照的地点要有新意，这也是让粉丝保持新鲜感的一个方法，哪怕是一个简单的户外背景也能给照片增色不少。

6.一组照片只围绕一个主题，这样能给人以比较完整的感觉。所有的照片都可以用相同的滤镜，或者用相近的颜色基调，这样你的主页内容整体上会比较和谐。

7.如果你想在Instagram上分享你的自拍照但是又不知道怎么摆姿势，那我建议你去网上搜一搜拍照时怎么摆姿势的详细教程。整体上来说，稍微从上往下一点的角度拍出来的感觉会比较有亲和力。视线看向任何方向都可以，直视镜头也不错，但是回眸一笑那种效果很好，你可以试试。

8.要简洁明了。照片不要想表达太多的东西，有时候极简就是极美！

9.使用滤镜和其他美图软件。你在社交媒体上看到的那些漂亮的图片基本上都不是原图，都是经过后期编辑处理的。网上的美图软件很多，可以比较之后有选择地购买下载。

10.从正上方天空中往下俯拍是目前比较流行的一种拍摄方法。拍摄这种照片时要留意，如果不是追求那种纯粹对称的几何图案的话，最好避免简单地将拍摄主体置于正中，这样会给人一种无序的感觉。

十一

和设计师合作

这么多年来，我不仅对美妆感兴趣，还喜欢时尚和设计，它们在我的生活中也占据了很大比重。

美与时尚其实是紧密联系的——每个季节二者的流行趋势都会互相影响。我对T台上的新趋势有很敏锐的嗅觉，那些设计师的作品中的很多细节都能给我灵感，而且我也会把这种对时尚的热爱转化到我的产品中去，让我的产品也成为时尚的一部分。我们产品的外观色调始终与当季的流行色调保持一致。

我第一次为品牌引入设计元素源于我和玛丽·卡特兰佐（Mary Katrantzou）的合作。我一直是玛丽的粉丝，而且还有几件她设计的衣服。

玛丽毕业于中央圣马丁艺术与设计学院，非常有设计天赋，她设计过很多著名的图案，如用极具视觉冲击力的色彩组合绘制的巨型铅笔和希腊纪念碑等，可以说玛丽正处于事业的上升期。

我让我的私人助理联系了玛丽，告诉她我是她的超级粉丝，希望能和她见面聊一聊。我们见面的地点是斯隆广场（Sloane Square）的科尔伯特咖啡馆（Colbert café），那里距离玛丽居住的地方和我的办公室都比较近。和我不同，玛丽不喜欢太早起床，因为她通常会工作到比较晚，不过我们很聊得来。我们喝着卡布奇诺，吃着煎蛋，聊着时尚和美妆，不知不觉几个小时就过去了，大家交谈甚欢，谁不愿意和志同道合的朋友多聊聊呢？

随着交流的深入，大家都有了一起合作的设想。我送给玛丽一些柔黛产品试用，她也邀请我去她的工作室，并准备为我设计一些东西。自那时起，玛丽就经常邀请我参加她的时装发布会，并为我保留前排的位置。我也会穿着她设计的服装出席柔黛年度盛典，并邀请她做颁奖委员会的成员。

有一次我们一起喝咖啡的时候，玛丽告诉我她正筹备一场特别的时装发布会，所有的花都将从荷兰空运过来，将请乐队现场演奏，整个发布会的现场布置将超级奢华，以衬托她此次的服装设计理念。听到她的描绘我不由得有点动心了。

我们此前从未赞助过时装设计师的发布会，因为我们一直没有这方面的资金预算，不过现在公司运营状况不错，所以我想这或许是个好机会，可以将公司的品牌往时装设计领域拓展。出席时装发布会的不仅有国际媒体，也有知名商家，而且如果成为发布会的合作方也会提升品牌在全球的知名度。

我们的市场营销部门通力合作，联系各大媒体，确认了所有相关的发布材料，并为前排所有嘉宾准备了柔黛的系列产品作为伴手礼。

参加这种顶级时装发布会的感觉是超好的。想象一下你坐在最前排，看着那些令人惊艳的模特从一条鲜花搭成的走廊中翩翩走来，跟随着音乐节拍舞动曼妙的身姿，将穿在身上的艺术之美充分展现。每一个模特身上的衣服我都很喜欢，而压轴出场的那一个模特更是让我看得如痴如醉。设计师通常都会把自己最满意的那一件衣服放到最后出场，在我看来玛丽也是如此。

那是一件紫色无肩带长裙，镶满了闪亮的小珠子，真是太美了！我想要这件衣服！可是我没能如愿，早有人先下手为强了。在时装界，最好的东西很多人都在等，这件衣服从T台上下来之后直接就被某位明星穿去奥斯卡奖颁奖典礼上领奖去了，再也没回过伦敦。

虽然没能抢到这件衣服让我有点遗憾，但我们的赞助收到了非常好的回报。各家时尚媒体发布了很多关于我们产品的报道，社交媒体主页上也大量提及，有的还将我们的产品列为伦敦时装周的“必备品”（must-haves），甚至连俄罗斯和德国等国家的媒体都发布了相关新闻。以前对柔黛品牌一无所知的人开始对我们的产品有了兴趣，开始尝试了解。看到我们的赞助投资收到了良好的效果，我心里的石头也终于落了地。

玛丽对于我们的合作也非常满意，能够发现一个和自己的事业互补的品牌并能开展合作是可遇而不可求的事。很多时候，设计师不得不勉强与一些并不合适的品牌合作，以获得赞助，那些品牌往往层次并不高，甚至是与时尚毫无关联的品牌。

时装发布会后没几天，我和玛丽又在科尔伯特咖啡馆聊天，那儿已经成了我俩的小据点。我们对双方的初次合作都非常满意，于是自然而然地我们准备再合作干点什么。护肤品显然不合适，和设计不太沾边。碰巧那时候我正在考虑做一款限量版的香薰蜡烛，我的团队之前一直在设计装蜡烛的瓶子，但是我始终不满意她们的方案。为什么不能由玛丽来设计蜡烛瓶子，我来负责蜡烛的部分？对了，就是这个！玛丽觉得这个主意很好，于是我们立刻又行动了起来。

很快，玛丽给我发来印花玻璃的式样，我也发给她蜡烛香氛的方案。不到3个月的时间，我们的合作就有了成果：一支漂亮的香薰蜡烛，装在立体设计的粉色和淡紫色的透明玻璃瓶中，看上去美极了！

这款香薰蜡烛于2011年秋季正式发布，在哈维·尼克斯、哈罗德、Space NK等全球35个国家的商场中的所有柔黛专柜同时发售。很多人争抢这款由柔黛和玛丽·卡特兰佐合作设计的产品。在某些商场里，他们将这款香薰蜡烛也放置在时装区域，和玛丽设计的时装并排陈列。

这款产品的外观非常漂亮，因此在社交媒体上也获得了大量的转发关注。用户也很有创意，在蜡烛用完之后，他们会把玻璃瓶利用起来，有的用它盛放眉笔和化妆刷，有的用它做笔筒，还有的用它放橡皮筋之类的小杂物。看到它成为人们生活中的一部分，我很开心。

我和玛丽的合作影响超出了赞助和设计的领域。在苏豪酒店的顶楼，玛丽和我一起主持了一个茶会，参加的有包括《VOGUE服饰与美容》《优家画报》和《红袖》在内的各家时尚杂志，美国版和德国版的《世界时装之苑》（*ELLE*）、《诱惑力》（*Allure*）和《时尚芭莎》（*BAZAAR*）等杂志也都报道了我和玛丽的合作，刊登了香薰蜡烛的图片。

我和玛丽为合作付出了很多，收获了很多，我和我的团队也学到了许多新的东西，我决定将类似的合作继续开展下去。

2014年秋季，我们推出了由黛西代言的新的柔黛系列产品，也就在那时，我想附带推出一款特别设计的与产品相关的艺术品。一直以来，除了关注美妆产品本身，我对时尚和艺术一直有着浓厚的兴趣，而且也希望一直和设计领域的人才保持联系。

我召集了我的团队人员，大家一起吃着比萨、喝着红酒，讨论如何进行设计。就在那么一瞬间，我有了主意：通常我们会与知名设计师合作，但是，为什么我们不试试去设计学院寻找未来的设计之星？全球最著名的设计学院当属伦敦的中央圣马丁艺术与设计学院，包括亚历山大·麦昆（Alexander McQueen）、约翰·加利亚诺（John Galliano）和斯特拉·麦卡特尼（Stella McCartney）在内的很多世界顶级设计师都毕业于此。

是否可以发动该学院的学生来为柔黛设计某种艺术品？我可以给他们讲一讲柔黛品牌的理念、目标市场、设计这件艺术品的初衷和商业目的等，这件产品将会在所有的柔黛专卖店上架销售。对于学生来说，这将是一个千载难逢的机遇。

那时候我们刚好决定不再继续举办柔黛年度颁奖盛典，因此这个活动刚好可以作为品牌宣传的弥补，在某种意义上也是对大众的一种回馈，而我也一直想要做一些有益于教育和年轻人成长的事情。“柔黛艺术和设计挑战赛”项目就此诞生了。

我们联系了中央圣马丁艺术与设计学院的负责人，他们对此非常感兴趣。一个月后，也就是2015年1月，我来到了中央圣马丁艺术与设计学院，给大二的学生们具体介绍这个比赛，他们将充分发挥各自的才华，为柔黛设计一款用于装化妆刷的盒子。

那里的学生真的是来自世界各地，坐在我面前的25个学生来自15个不同的国家！能够和这些年轻人在一起，帮助他们成长，我觉得很开心。在日常工作中，我的周围大部分是年轻人，我不断招募新人，始终让我的团队充满朝气和活力。我也愿意像对待我的团队成员一样对待这些年轻学生，带领他们了解我们的工作流程，让他们了解一件产品是如何从概念、设计、生产到上架销售和到达全世界的柔黛用户的手中。我始终记得看到我的第一件产品生产出来和第一次看到我的照片登上杂志时我有多么激动，而且这会让人上瘾。曝光度越高，你想要的就越多，尤其当你看到你的产品在哈罗德百货卖到缺货，或者被艾丽·高登在推特上赞美时，那种感觉无与伦比。我希望我的这些经历能够给这些学生一些激励。

后来我又和学生见了三次面，聆听每个人的想法，给他们提出指导性的建议，每一次我都能看到他们在设计方案上的进步。选择最终的优胜者很不容易，于是我决定多请几位相关领域的专家来做评委，听听他们的意见。

我第一个想到的人是我的好朋友亨利·霍兰，他是著名的时装设计师，风格大胆前卫。亨利在2000年前后设计过一系列印着类似“告诉你谁才是老大”的80后宣言的T恤，并且成立了自己的服装品牌“荷兰屋”（House of Holland）。此外，他也是家喻户晓的电视明星，和包括艾里珊·钟在内的明星合作主持过不少节目，并在很多选秀节目中担任评委。我们很早就认识了，我很赞同他的审美观。他还设计过不少小饰物，包括手机壳、美甲装饰等，他很擅长把时尚流行元素与日常生活中的小物件结合起来。我想，他的建议应该会很有用。

我选择的第二位评委是超模艾琳·欧康娜。艾琳是各大时尚杂志封面的常客，也经常出现在米兰和巴黎时装周的T台上，为香奈儿（Chanel）、古驰（Gucci）和芬迪（Fendi）等顶级品牌的服装走秀。她还是各大顶级品牌平面广告的宠儿，合作过的设计师和品牌包括约翰·加利亚诺（John Galliano）、克里斯汀·迪奥（Christian Dior）、让·保罗·高提耶（Jean-Paul Gaultier）、唐娜·凯伦（Donna Karan）、普拉达（Prada）、范思哲（Versace）和缪缪（Miu Miu）等。

那几年艾琳还参加了好几档收视率颇高的电视节目。总之，我觉得艾琳是我这个项目的评委最佳人选之一。

评委团的另一位成员是来自哈维尼克斯的丹妮拉·里纳尔迪。我们认识也有很多年了，丹妮拉一直是柔黛的坚定支持者，邀请她参加这个项目可以为后期的商业化做一个铺垫。我希望她能对这个项目产生兴趣，这样可以为我们这次设计的产品做一些宣传，扩大影响力，如果能得到她的同意的话，还可以进入哈维尼克斯商场进行销售。

我还邀请了《星期日泰晤士报》时尚版块的编辑杰姬·安斯利（Jackie Annesley），并请她从时尚媒体的角度对选手作品进行点评。我们希望此次评选出来的设计能够符合媒体的审美，而《星期日泰晤士报》的时尚版块一直是流行的风向标，对于最新的流行趋势有着最敏锐的嗅觉。

我邀请评委团的几位成员和我一起到中央圣马丁艺术与设计学院，现场评判进入决赛的五件作品。

第一个到达的是艾琳，她穿着白色的皮夹克和牛仔裤，一如既往的酷。艾琳是个很细心的人，为这次评奖做了细致的准备。她在来现场之前向我们要了所有参赛选手的作品，仔细地进行了鉴赏，并准备了评语和想要问的问题。

亨利是第二个到场的，还是那样活力四射。亨利说话很直爽，评论犀利，所以我非常期待他的点评。

丹妮拉非常友善，我猜测她的评论应该会是比较暖心的，会给予学生们更多的鼓励。

最后到达的是杰姬，我此前一直听说她有很独特的观点，希望这次她也能带给我们惊喜。

进入决赛的五位选手逐一上场，向我们介绍他们如何开始着手、有什么灵感，向我们展示他们做出来的原型，并且各自用一小段录影，向我们展示他们制作这个盒子的过程。

五位评委各有特点，而且差别还很大。有的评委偏向于设计的艺术性，而有的评委则更偏向于实用性。学生们的设计我此前都已经看过，但有些评委是第一次见到这些盒子。他们逐一拿起这些作品检视。有一件作品的造型看起来像是一边开口的瑟琳（Céline）的晚宴包，艾琳拿起这个盒子，装了几只化妆刷进去，盖上盖子，稍微晃动一下，刷子就掉了出来。有一件作品非常重，杰姬担心它掉下来会砸到使用者的脚。还有一件作品则太过简单，用亨利的话来说，如果要把它作为商品出售的话，最好免费送个什么其他礼物。这时候我开始有点担心，这个活动的决胜者似乎很难选。

不过，就在这时，所有评委的目光都被一件作品吸引了，这是一个黑色的小盒子，里面有多层拉链，可以分别放置单独的刷子。盒子的式样很独特，有现代气息，拉链更为它增添了一些灵动的感觉。其实在之前看学生们的作品时，这件作品已经给我留下了非常深的印象。

这件作品的作者是一位来自中国香港的学生，名叫Aaron Chung。实际上，在比赛的第一环节中，他的作品是一个坚硬的木头盒子，和品牌完全不搭，而且也没有任何创意。当时我建议他换一个作品，但他不是太愿意，据他的辅导老师说，当时他已经萌生了退出的念头。不过，在辅导老师的鼓励下，他坚持了下来，并听取了我的建议，修改了设计方案。经过半年的努力，现在他走到了决赛的舞台，距离最终的胜利只有一步之遥。

我对所有学生表示感谢，之后我们几位评委和他们一起合影留念。学生们离开后，我征询几位评委的意见，他们都认为Aaron的作品最好。众望所归，我们确定Aaron为最后的获胜者。

我没有在现场宣布最后的获胜选手，而是请各位选手的辅导老师单独告诉他们最终的结果，因为我不想在现场看到另外四位选手脸上的失望。在我心里他们都是获胜者，通过这一个竞赛他们提升了自己的设计能力，完成了从学生到设计师的蜕变。和他们一起工作的时候我很开心，我相信他们也从中获得了很多欢乐。

不过我们还是需要正式宣布比赛结果的。我们为此专门在科文特花园（Covent Garden）巴尔萨泽（Balthazar）餐厅举办了VIP晚宴。

我在餐厅选了一个较为私密的区域，参加的人员是几位评委、我的一些好朋友，还有这几名获奖学生。我希望营造一种非正式的、比较亲近的气氛，这是属于他们的时刻，所以我想让他们参与进来，把他们介绍给时尚界的人士。

整个项目的最后一个环节是拍摄我和艾琳与最终获胜作品的宣传照，为此我请来了著名摄影师格雷格·威廉姆斯（Greg Williams）。格雷格为很多明星拍摄过，包括维多利亚·贝克汉姆（Victoria Beckham）、西耶娜·米勒（Sienna Miller）、布拉德·皮特（Brad Pitt）、罗茜·汉丁顿-惠特莉（Rosie Huntington-Whiteley）和小罗伯特·唐尼（Robert Downey）等，我也一直想请他帮我拍摄一组照片。我的设想是我们拿着化妆刷和化妆盒做一些有趣的造型。格雷格为我们拍摄的照片非常棒，不仅满足了产品的宣传需要，而且也给我们提供了很多发YouTube和其他朋友圈的素材。

带着年轻人一起成长是我内心真正愿意做的事情，那些时光也是我职业生涯中最开心的时刻。自那时起，每年我都会抽出一些时间专门辅导学生，他们是未来的主人。也正是因为这一段经历，我得以成为一档美国电视节目的导师。在这个节目中，我辅导了一位年轻的珠宝设计师，她需要通过自己的努力获得四位投资人的认可和资助，其中包括著名设计师瑞贝卡·明可弗（Rebecca Minkoff）。汤米·希尔费格（Tommy Hilfiger）也是节目的导师之一，对于能够和他们一起辅导选手，我觉得非常荣幸。

在摄像机前辅导学生对我来说是个全新的经历，不过，就像我一直在说的，人生就是个不断接受新挑战的过程，这不过是我微笑着迎接的诸多挑战之一。

一夜成名
秘诀之十一

合作共赢

与其他品牌合作是一个扩大知名度的好方法，而且也不用投入太多成本。要留意寻找行业内与你的产品互补的其他品牌，双方合作共赢。你可以把对方介绍给你的粉丝和客户，反过来，你也会进入对方的粉丝和客户群。

下面是我对于合作的10条小建议：

1.寻找“门当户对”的目标品牌。如果你的品牌刚刚起步，那么最好也找刚刚进入市场的品牌，这是比较符合实际的做法，因为你不仅要考虑能从对方那里得到什么，更要考虑能给对方带去什么。如果你想要的很多，但是能付出的很少，那么对方很可能完全不理你。假如你们双方品牌的发展相当，那么通过合作达到双赢的概率也就更大。

2.找一个对你的品牌、产品和服务非常

感兴趣，并且有意向进行合作的品牌。成功的合作需要双方彼此认同，携手共进。

3.不要自觉低人一等，你们都可以给予对方帮助。如果你觉得自己找不到能为对方做的事情，或者是没有办法准确表达，可以寻求朋友的帮助。当局者迷，旁观者清，你的朋友往往能清楚地看到你的优势所在。

4.做足功课。在网络上和各种社交媒体上有海量的信息，你可以从中进行筛选，找到你感兴趣的合适的品牌。

5.合作的形式多种多样，可以是网络宣传，也可以是合作设计一款产品等。刚开始和某个品牌合作时，可以先通过数字式的或者社交网络平台进行，根据合作的效果确定对方的顾客是否能够接受你的产品，并判断这场合作是否合适。经过前期的试水，如果发现有合作潜力，那么双方就可以把合作推向下一个阶段，尝试共同设计产品。

6.事先明确与合作相关的所有事项。不要想当然地认为对方会一直和你保持一致，双方一定会有分歧。要事先约定好合作的范围、双方的权利和义务，并在正式启动合作之前以书面形式约定下来。

7.寻找合作品牌时要有想象力。对我来说，美妆和时尚这两个行业之间的关联是显而易见的，但是，对于其他行业来说，关联可能未必那么明显，你需要仔细思考，寻找你的产品的潜在受众。

8.合作开始之后，一定要不遗余力、毫无保留地运用你的资源来为双方做宣传，包括社交媒体平台、各种宣传材料、网络主页、专栏等。这样的合作是双方的，对方也会替你宣传。这种合作不是一次性的，双方都需要坚持，要对未来有美好的期待。

9.如果合作很顺畅，双方就可以探讨如何进一步提升合作的层次，成功的经验可以复制。

10.追求深入合作，不贪多求全。选择太多的品牌或者朝三暮四、随意更换合作伙伴，都是很危险的。虽然你可能会获得一些新的顾客，但是极有可能损失更多。

十二

个人形象的塑造

本书的主要内容是关于如何创业，因此“品牌”这个内容是无法回避的。我们会在杂志、电视等媒介上看到各种品牌，它们无处不在。对于品牌的定义大部分人貌似很清楚，或者说大部分人以为自己很清楚，但实际上，品牌的真正内涵没那么简单。品牌的定义可以包含很多方面，也可以只指一个。下面我尽量阐述一下我的理解。

在我看来，关键点在于我们需要知道品牌对于我们的事业和我们自己意味着什么，以及创建一个品牌需要付出什么样的努力。

所有的超级品牌都是从小品牌成长起来的，可口可乐就是一个最好的例子。开始的时候，可口可乐只是货架上那么多普通汽水中的一员，但是它不甘平庸，最终成为饮料市场的主宰。

为什么可口可乐能成功？难道是它的瓶子很特别？当然不是。可口可乐和很多其他成功企业一样，看重“品牌”的建设，希望加深“品牌”的内涵。可口可乐不仅仅是一个名字，它还让人体会到一种感觉、一种情绪，进入一个全新的世界——一个你乐意体验的世界。在一个竞争超级激烈的市场，面对无数质量和价格都相似的对手，如何培养顾客的忠诚度，让他们买自己的产品而不是竞争对手的产品?

光靠铺天盖地打广告来宣传产品是不够的，顾客需要的是一点“特别的东西”。

那些最成功的品牌能给人以追求的欲望，我们之所以梦寐以求一个香奈儿（Chanel）的包包、一件圣罗兰（Saint Laurent）的皮夹克或者一双鲁布托（Louboutin）的高跟鞋，是因为它们代表着一种生活方式，像是可以折射出一道阳光。我们渴望拥有，渴望与众不同，这种渴望无法抗拒。

类似的包包、皮夹克和高跟鞋很多，为什么我们只渴求这些品牌呢？因为我们买的不仅仅是产品，更是一种生活方式。生活方式的背后是选择，我们不愿重复父母的生活，也不愿自己的生活一成不变，我们需要“活出范儿”来。我是不认同那种所谓的“三岁看到老”理论的，即认为人的一生在开始几年就已经注定。我们每个人的人生都是激情、知识、决心和经验等事物的综合，我们都可以做出改变，重新塑造自我。

在创业的过程中，产品的品牌塑造固然重要，但个人的品牌塑造也同等重要，甚至应该被摆在更高的位置。为什么？因为个人的形象能够让品牌“人性化”，可以令顾客有代入感，从而使得你的产品和服务更能为人所接受。仅仅让顾客看到产品本身是不够的，他们希望能和你一起分享更多的东西。

或许你只想成为一名成功的企业家，并不想做明星，脚踏实地做实事和追求名望似乎格格不入。实则不然，作为一个品牌的创始人，你就是品牌的代表，如果你希望你的品牌被世人认可，那么你个人也必须努力塑造自我，企业的形象和个人的形象是相辅相成的。

当然，我不否认也有一些品牌很著名，但是背后的人默默无闻。随着时代的发展，在当今社会想要做这样的隐形创业者几乎不可能。

塑造个人形象也不是说要像明星一样出名，只需要在自己的领域里成为专家，被广泛认可，受大家尊重就可以。在以前，那些能够拥有个人品牌的都是些大明星，但是随着社交媒体的出现，任何人都有机会成为明星，可以借助网络打造自己的品牌和形象。社交媒体提供了一个全新的平台，你可以在全世界面前展示品牌，展现自我。社交媒体颠覆了传统的信息发布者与受众之间的交流方式，加大了信息传播的力度，因此个人与品牌的形象结合变得越发重要。**作为一个企业家，你和你的品牌是合二为一的。**

那么，什么是形象？形象就是你的身份，就是外界对你的看法。形象塑造是一门艺术，能够把你希望展现给别人的形象和别人眼中的你的真实形象统一起来。

那么，我们该如何塑造自己的个人形象呢？

你有什么特别的经历？有没有擅长的领域或者闪光点？把它们写下来，然后仔细思考一下你希望向外界展现什么样的形象。在和某些人接触之后，你希望他们怎么评价你？你现在所处的位置能否实现这个目标？如果不能，那么你就要制订一个方案，认真制订一个形象塑造计划。

因此，品牌不再仅仅是有形无形的商品和企业，你和我都是品牌。看看卡戴珊家族，她们所有的成员都是品牌。在过去的十余年间，卡戴珊家族的成员们一直在努力塑造这个品牌。不管你喜不喜欢卡戴珊五姐妹，她们都是当今世界最成功的品牌之一，而且她们为此付出了常人难以想象的努力。

在《与卡戴珊姐妹同行》真人秀第一季开播前，几乎没人知道她们，她们只是渴望出名的一个普通美国家庭。

但是在十年之后，卡戴珊家族已经享有极高的声望，而且她们五姐妹的形象特征非常鲜明：光滑的头发、精致的妆容、突出曼妙身材曲线的衣着。她们五姐妹不仅是大妈和少女们的偶像，也是全世界男人心中的“女神”。她们和那些骨瘦如柴的模特形成了鲜明对比，不管是珠光宝气的精致晚礼服还是普通品牌的破洞牛仔裤，她们都能驾驭。

经过这些年的发展，卡戴珊姐妹已经从在二流杂志上宣传到登上了《VOGUE服饰与美容》和《时尚芭莎》等顶级杂志的封面，而且可以和卡尔·拉格菲尔德（Karl Lagerfield）、卡琳·洛菲德

（Carine Roitfield，《VOGUE服饰与美容》杂志法国版主编）和安娜·温图尔（Anna Wintour）等时尚界大名鼎鼎的人物建立起深厚的友谊。

如果你看了《与卡戴珊姐妹同行》真人秀的第一季，你就会明白她们为什么能够出名。从中我们也可以看出日新月异的媒体在个人成名过程中的作用，其变化之快令人咋舌。卡戴珊姐妹刚好处于一个极佳的时点，如果再早十年出道，她们成功的可能性极小。她们所处的时代刚好是电视节目被网络社交媒体和各种时尚纸媒迅速扩散的时代，这种组合方式很新，效果很好。虽然这些年来电视节目的收视率持续走低，但是社交媒体等网络平台却强势登陆，为明星迅速积聚了大量人气。

塑造个人品牌并非易事。以金·卡戴珊来说，如果没有化妆、做发型或者整体造型没有弄好，那么她是肯定不会出门的。处在她那样的超级偶像的位置，决不能被人看到穿着旧卫衣或者运动鞋去逛商场。当然，如果她真的这么做了，那么你可得看仔细了，那卫衣可能是设计师特别设计的，运动鞋也是名牌新品。再看看她的发型、面容，还有遮住半边脸的太阳镜，这种看起来很悠闲的装扮恐怕是花了三四个小时才打造出来的，我这么一解释你应该就明白了。

当金·卡戴珊去参加某个时装发布会或者别的活动时，一定有一个负责形象塑造的专业团队同行。一般情况下她们是一起出行，但是有时候也会请当地的专业团队（有很多明星的活动范围很广泛，所以在世界各地都有专业合作团队，比如纽约、洛杉矶、巴黎等）。团队会为金·卡戴珊做好整个行程的造型设计，比如在机场出现时该穿什么、第二天穿什么、庆典当天穿什么等，都是精心设计的。

设计师要花好几天来设计这些服装和妆容造型，后期还要进行大量的修改调整，以确保始终把金·卡戴珊的最美形象展现出来。卡戴珊姐妹的服装都是根据她们的体型特别剪裁的，曲线毕露，还会加上一些透明和开口、开衩等元素。卡戴珊姐妹不会紧跟时尚潮流，但是会把流行元素运用到自己的造型设计当中，这就让她们极具吸引力。

再细说一下化妆，这可是个耗时耗力的事儿，有无数的工作要做。每次都要做晒黑喷雾以打造褐色的皮肤，要做面部护理，不停地化妆、卸妆。完美的形象需要很长的时间来塑造。金·卡戴珊的化妆几近完美，如果有拍摄，她经常凌晨4点就要起床开始化妆、做头发，半夜做皮肤晒黑喷雾也是常事。因为这些操作影响皮肤，还要定期去皮肤科医生那里做检查和咨询。

要塑造金·卡戴珊那样的形象，不仅需要付出很多精力，还要有过人的毅力，更要有雄厚的财力。不过，也正是她的形象为她带来这一切。

实际上这不是新问题，所有的明星都需要形象维护，之前的几十年里好莱坞就一直是这么操作的。米高梅电影制片公司（Metro-Goldwyn-Mayer，简称MGM）就有专职造型师，确保明星穿着合适的礼服，做最新的发型，并在有新的影片发布时和其他影星一起容光焕发地站在摄像机前。此外，还有专人负责帮他们制造热点事件以提高曝光率，而有些负面事件则必须掩盖掉，因为明星展现给外界的必须是公司为他们包装出来的形象。

不过现在的情况有点不一样了，演员不再是影视公司的“财产”，所以现在的演员可以随心所欲，想干什么就干什么，而且很多事情无法编排，也遮盖不住。所以，我们总看到一些明星下车或者走红毯时摔倒，有的行为不检点被拍到，当然少不了穿着旧卫衣去杂货店的。一旦某些事情发生了，他们的人设就会立刻崩塌，《日落大道》（*Sunset Boulevard*）中的情景就会立刻成为现实，一旦成为过气明星，一切就都结束了。

有些人很怀念那些“旧日的好时光”，感叹现在的明星没有之前那种高高在上的范儿了。其实，是这些明星变得更“真实”了，而且不再是可望而不可即，我们在大街上走着说不定就能遇见他们。

在银幕之外，这些“稀有动物”并没有消失，他们就在我们身边，而且当然也会去购物。他们中的一些人希望有自己的私人空间，在正常的拍摄采访之外的时间，他们会推开那些拍摄者，不希望被打扰。而另一些人则不同，如我上面提到的卡戴珊姐妹，她们出现在公众视线中的每一刻都是在展示形象，所以她们处于“始终在线”的状态。

包括卡戴珊姐妹在内，很多明星现在都过着“始终在线”的生活，而且这种生活的节奏要比以前快得多。现在的电影杂志和娱乐专栏更新的频率是一周甚至更短，像卡戴珊姐妹的新闻每时每刻都在更新。

不过这并不是塑造和保持个人形象的唯一途径，还有人在其他方面做了积极的尝试，维多利亚·贝克汉姆就是其中一位，她在转型上取得了巨大成功。

维多利亚本是英国辣妹组合（Spice Girls）中的一员，后来转型时装设计，并在2008年成功发布以自己名字命名的时装品牌。这不是件容易的事，需要长时间的不懈努力。在此之前，维多利亚一直与很多时尚品牌、设计师等合作，让自己成为这个圈子中的一员。她改变了之前的形象，从颜色鲜艳的紧身热裤、厚底高跟鞋转向突出成熟、精致而又不失前卫的衣着，同时发型和面部妆容也都做了相应的转变，整个外表形象都进行了精心设计。

不管是在机场还是在酒店，出席活动还是家庭出行，维多利亚的发型和妆容总是堪称完美。她总是戴一副超大墨镜，精心搭配的服饰通常都是维多利亚品牌的潮款新品。个人形象的塑造和维持光有资金投入是不够的，更需要决心和毅力，因为这种对外界的形象展示是无时无刻不在进行的。

吉吉·哈迪德（Gigi Hadid）是另一个在个人形象塑造和维护方面的极佳例证。吉吉是一名模特，世界上的模特千千万万，但是吉吉是很独特的一个。模特都很美，吉吉也不例外，她有一种自然的美，天生丽质。在T台之外，22岁的吉吉本可以像其他普通女孩子一样，随意穿一穿牛仔裤、T恤衫，但是她没有这么做，吉吉的日常形象都是经过精心设计的。

去纽约、巴黎等地走秀的时候，她有一整套设计好的形象方案。从机场到酒店，从T台到晚宴，所有地点、所有时刻都是展示形象的好机会。为了能够在网络上获得最大的曝光率，吉吉随时随地都在展示自己最好的一面，如果发型不适合或者妆没有化好，她是绝不会出现在公众视线里的。和绝大部分模特不同的是，吉吉一直和专业的造型师合作，而她的造型师也是卡戴珊姐妹的“御用”造型师——莫妮卡·罗斯（Monica Rose）。在莫妮卡的帮助指导下，吉吉的造型始终很潮，甚至引领和创造潮流。

不过，这一切首先源于她有自己内在的东西。

虽然吉吉有专业的造型师，但是大部分人不知道的是，不是谁都能得到这些顶级造型师服务的。他们很挑剔，通常只和那些有自己独特想法的明星合作。

这些顶级造型师的服务对象本身都是俊男靓女，需要做的是锦上添花的工作，他们更主要的是作为顾问，从专业审美和明星形象的角度出发，为明星选择并打造出最合适的造型，让明星以最好的形象出现在公共场合和照相机前。

吉吉是个很聪明的女孩，她很清楚作为一个时尚偶像需要有很强的自律性，在这方面她也有很强的执行力。不管是不是在工作时间，她的个人形象都保持得很好。在T台上，她穿着各种漂亮的时装，美艳不可方物，但是她在T台之外的形象更为人熟知：破洞牛仔裤或者皮裤、露脐短上衣、长外套等。有很多模特也曾红极一时，但是很快就淡出人们的视线，吉吉却不同，她一直保持着很高的人气，是网络上人们搜索最多的超模之一，她在工作和日常生活中的穿着被很多人关注和效仿。

因为吉吉的个人形象极佳，所以她的T台合约不断，在其他领域也获得很多合作机会。她近期和汤米·希尔费格（Tommy Hilfiger）合作，推出了一款更为高端、价格也更贵的TommyxGigi系列。她不仅直接参与了服装的设计，亲自作为服装模特进行展示，还主持了发布会。因此，当某个明星的个人形象达到一定高度时，就可以再次提升，在其他领域也获得认可并继续散发个人魅力。

虽然卡戴珊姐妹、维多利亚和吉吉等人所处的领域各不相同，但是她们都极其细心地打造各自的形象，并多年如一日地保持。在坚持一些原则的同时还要紧跟时尚潮流做出相应的改变，所有人都要与时俱进，让粉丝有新鲜感。

可能有人会说了：那些都是明星，我只是普通人，我的兄弟姐妹都很平凡，更不追求辣妹们所讲的“女孩力量”，你说的这些对我有什么用？从这些故事里我能学到些什么？我该如何设计自己的形象？

没错，我知道你不是超模，没有迷人的身材，也不是知名的设计师，你只是个普通人。但是，每一个人都是独一无二的，你就是你，你的风格、品质、内在思想都是独特的。不管你从事什么工作，是化妆品销售、时尚咨询还是汽车销售，你都代表了你的品牌。开始的时候你的品牌可能无人知晓，这很正常，要脚踏实地，一步一步来。

看一看明星的Instagram动态，乍一看好像没什么特别的内容，不过就是在不同的地方吃吃玩玩，转发一些狗仔队拍的照片、一些美食和搞怪的自拍等。但是仔细研究一下你会发现，他们在发布的标签上经常会提到或者推荐某个产品，比如，“我在用××化妆品”，或者“在××酒吧玩得真开心”。你在关注他们的日常生活的同时，不知不觉也被推销了某些东西。不过你并不介意这些，因为在社交平台上分享和互动的感觉很好，使人有参与感。

与人分享是件美好的事。你也可以分享一些东西，运用同样的技巧，树立你的品牌形象。下面是我在这方面的一些心得体会。

讲出你的故事

首先最基本的一条你得具备，就是你必须很清楚你的品牌/产品是什么，而且你希望它出现在更多人的视线里。你要对产品有一个设想和规划，要有合适的文案，不能想到什么就说什么。

可以讲一讲品牌的故事。讲故事是交流的最基本形式，不管人们的思想有多复杂，人们还是喜欢听故事，所以，给我们讲讲你的故事。如果你的品牌刚刚起步，就讲讲开创的过程，一些众筹项目在这方面的经历很有代表性，他们需要不断向投资人汇报进展，每一轮融资都事关公司的存亡。这样的故事能让听众有身临其境的感觉。你可以具体描述你是怎么开始的，经历了哪些困难，如何一步步走到今天。你的听众会认真倾听，听你如何白手起家、如何面对各种艰难险阻。你还可以做一些精心设计，比如像拍电影一样的分镜头等，明确你想要表达的主题和方向。

除了上面所说的那些，你尤其要记住的是，你在网络社交平台上发布的所有内容都是“现场直播”！你正在叙述的故事，一定会带来一些后续的影响，而且往往出乎你的意料，因此在发布的时候一定要注意采取合适的方式。之所以说“合适”，是因为有些东西发出来会适得其反，比如抱怨资金困难，或者产品的瑕疵问题等。要发布正能量的东西，同样的一个事实，从不同角度解读给人的感觉会完全不一样。你可以说你是因为被炒了鱿鱼，为了生计而不得不创业；你也可以说你终于从之前的工作中解放出来了，能够追逐自己一直未曾放弃的梦想。这两种表述带来的影响可能有天壤之别。

还有一点就是不断练习怎么把你的故事讲给别人听。要准备几个版本，因为有时候是推销，有时候是接受采访，有时候则是发表文章，对象不同，讲述方式也不一样。你或许听说过“电梯游说”（elevator pitch）这个词，你需要在短短几十秒的时间里，向目标人物展开游说，以引起他的兴趣，最终获得投资，当然地点未必就是在电梯里。比如说你终于等到一位制片人，他没时间坐下来听你说话，你必须边走边跟他讲你的一个电影剧本：“……影片设定大致是这样的，类似于《虎胆龙威》和《小鹿斑比》的结合，不过地点是在外太空……”诸如此类，你要为你的品牌准备好这么一个简短的游说版本。

你的故事一定要精彩，不用面面俱到，但是要有足够的信息引发听者的兴趣，这样才有机会获得更多的时间，你也才有更大的机会。

你是在和我说话吗?

我前面提到，要保持自己的形象，但是也不能完全以自我为中心，你要清楚自己在和谁说话，要换位思考。如果你的推销对象是十几岁的年轻人，那你肯定不能用对付中年妇女的那一套说辞。虽然都是从你的嘴里说出来的话，但是措辞和语气要根据对象来调整。

想一想怎样才能收到最好的效果……虽然你可能很擅长说话，但是相信我，这个问题绝对值得仔细思考一下。

明确你的目标群体有助于建立你的粉丝圈。仔细了解一下你的目标群体还喜欢什么，他们还关注了哪些人，他们喜欢买什么东西，他们都发些什么评论，使自己融入他们，深入了解他们。要记住，你的圈子需要各种各样的人，包括有影响力的大V（指粉丝量大的人）、同行、朋友、铁杆粉丝，当然也包括路人甲、乙、丙、丁，他们会帮助你建立你的品牌，塑造你的形象。

合作共赢

前面我们提到了明确目标人群，那么，怎样才能让你的品牌获得最大的曝光率呢？通过前面的准备工作你应该已经搞清楚他们喜欢什么，关注谁，现在你要做的就是主动出击。你可以尝试和其中某些人建立直接的联系，扩大人脉，比如和你的产品互相配套的厂商，这样大家至少可以互相宣传，互相推荐。假如你觉得对方的产品不错，那就可以直接开展合作。如果你是卖滑板的，那么你可以联系某个著名的滑板运动员，卖他的签名版；更进一步的话，你可以请他专门设计一款滑板，由你来生产销售。

我自己就是这么做的，我与中央圣马丁艺术与设计学院、玛丽·卡特兰佐等著名机构和明星的合作都遵循了这一原则，我们之间不存在竞争关系，只有合作共赢。抛开具体合作的细节不谈，你要做的就是让你和你的品牌的名字尽可能多地出现在公众的视线里，如果能免费获得这样的效果，那就更完美了。

还有一个提高传播率的方法是为媒体写一些与你的品牌有关的小专栏文章。对于媒体来讲，只要你的品牌符合他们报道的方向，他们会很乐意接受并发表你的文章。在写的时候要注意，你可以提到你的品牌，但是不要过火，你可以讲述如何解决你的品牌面临的某个难题，可以插入一小段视频，方式方法多种多样，但是一定要和主题相关，而且要能吸引读者。假如收效甚微，读者寥寥，那也没关系，因为你至少没有任何损失。

但是，你的目标是让更多的人看到！如果你的故事非常吸引人，观点有足够的原创性，那么很可能会被明星、大V转发，会被网页转载，甚至登上电视新闻，这些都是绝佳的免费宣传！

网络力量的强大超乎你想象。你知道那些博主和写手的写作素材是哪儿来的吗？他们每天都要更新一些内容，所以他们时刻都在关注网络上的新闻，寻找可以利用的东西。所以，如果你选对了方向，找准了热点，又有绝佳的故事，那么一天之内你的粉丝可能会涨几十万，而且不用你花任何成本。一旦有了这样的一个开始，说不定你很快就能坐在BBC（英国广播公司）的《英伦早晨》节目间了，那时候你之前精心准备的“电梯游说”可就能派上用场了。

您好，还记得我吗？

要及时更新。虽然我前面提到过不能给人留下死缠烂打的坏印象，但是，时不时地向对方更新自己的最新情况不在此列。如果你已经在行业内有了一定的知名度，那么你可以礼貌地告诉他们你是谁，因为在他们的印象里，你可能还是之前某个不知名公司的小设计师。

对于那些以前见过面的人，你需要和他们保持联络，但是更多的是初次见面，不可能所有人都认可你，或者第一眼就喜欢上你的产品，你需要不断向外界进行展示。有时候你可以试试结合你的其他产品，比如我们在推出NIP+FAB的时候，结合柔黛一起宣传，这可以增强对顾客的吸引力，巩固和扩大品牌的影响力。

专业的时装模特会持续更新她们的档案，不断添加最新的宣传照、新参加的各种时装秀简介，还有在各种场合用宝丽来拍立得相机拍的各种照片等，因为这些照片都是最新的，可以随时添加更换。通过这些，人们可以看到一个不断变化和提升的你。如果每次点开你的主页，人们看到的都是一成不变的老照片，那么不管这照片有多美，观众都会很快失去兴趣。

为了达到品牌和个人形象的结合，即使你的品牌已经有了公众号或者网站，仍然建议你在Instagram等社交平台上注册个人账号，或者建立以你个人名字为网址的网站。按常理讲，从品牌的角度，你应该尽可能多地购买和注册与你的品牌相关的域名，如果你能建立一个以自己名字为地址的网站，那么人们就多了一种找到和了解你的方式，你也可以随时向世界展现最新的自己。

我的柔黛和NIP+FAB都有自己专门的网站，我也有好几个以MrsRodial为名字的社交媒体账号，此外，我还注册了以我的名字为网址的网站——www.mariahatzistefanis.com，从这个网站可以链接到我的其他各个主页。

一夜成名

秘诀之十二

如何塑造个人形象？

那么，如何把自己从一个创业者变成一个品牌形象呢？看看周围，是否有与你类似的创业者，想想人们为什么欣赏、崇拜他们，仔细研究他们的个人形象，问问自己他们有什么特别之处，他们为什么能脱颖而出。

为自己建立一个类似自传的档案，或者叫大事记，把自己所有的成就都写下来，并且选择一些高质量的肖像图片，以备在媒体或者个人网站上发布时使用。每一年至少更新一次内容，或者在有重要的事情发生时随时添加。在你为自己写传记的时候，一定要换一个角度，想想如果你是一个新闻记者，你会怎样为别人写传记。

你的背景和创业过程中有哪些会是媒体感兴趣的？如果你写出的内容能够打动你自己，那么可能也会引起别人共鸣；但是如果你自己也读不下去，那么赶紧删了重新写。传记的内容一定要丰富，笔触简洁，突出最为吸引人的成就。准备好这些文字，不仅是为了随时对外发布，更是为了随时记录这一路走来获得的累累硕果和征服的重重险阻。

下面是我对于塑造个人形象的建议，主要分为5个步骤：

1.把你自己想象成某个商品，某个知名的品牌。每次看到圣罗兰，都会想到流行、时尚、高端，因为这些已成了圣罗兰品牌的代名词。你也要为你自己设定这样的形象追求。

2.准确认识自己，并想象最好的自己应该是什么样子。想一想自己最好的时刻，把自己最好的形象加以利用和展示，从而提高辨识度和影响力。

3.在竞争中脱颖而出。在你所从事的行业中，有无数人做着和你一样的事情，如果你能够建立个人的品牌形象，能够做得比其他人更好，你就能够被所有人看见，被所有人记住，并获得比其他人更高的地位。芸芸众生大多平庸，如果你能塑造出一个强大的个人形象，你的品牌就可以获得更多的关注、产品就可以有更高的销量，你也就可以击败竞争对手，获得成功。

4.要有原创性。虽然我们总是可以模仿别人，但是，如果没有自己原创的东西，一定走不远。模仿的只是外表，你一定要有自己内在的东西，这样才能吸引外界的关注，得到公众长久的认可。比如Lady Gaga，她在服饰和化妆上的品味有时候真的让人不敢苟同，但那都是她个人原创性的东西，强大的视觉冲击力就是她留给外界最大的印象。

5.你的个人形象不仅要强大，还要和你的内在一致。你的外表、你所代表的价值观和你说话的方式都要协调，要塑造一个最适合你的形象，不能自相矛盾。

形象塑造并不意味着让所有人都喜欢你，重要的是给所有人留下深刻印象，让他们记住你。

十三

人靠衣装

虽然你不用成为穿着打扮方面的专家，但是你的衣着品味给人留下的印象和你的品牌是有关联的，你可以深入思考一下这个问题。

你并不是什么影视明星，也没有狗仔队24小时对你围追堵截，而且你也没有这个精力和经济实力把自己每天都打扮得天仙似的。但是，如果你的品牌才起步，那么你就是品牌的形象代言人，你始终要把自己最好的一面展现给别人，不仅要在网络社交平台上塑造良好形象，在现实生活中也要给人留下积极且深刻的印象。

与凯莉的两次合作让我亲身感受到了明星对于个人形象塑造的重视程度，从而对于自身的形象维护有了更深刻的认识。

我们第一次合作时，和凯莉同机抵达的还有她的御用发型设计师和化妆师团队。在旁人看来，这似乎有点哗众取宠，但是细细想来，如果你始终是以某种很特别的妆容出现在大众面前，而且一直是你信任的几位造型师替你设计和化妆，那么你最好不要轻易换人。这个时候换不熟悉的发型师和化妆师很可能带来灾难性的后果，更何况是在为其他品牌做形象代言人这样的重要场合。还有就是，如果是你熟悉的团队跟着你替你服务，你的心理上会非常放松，压力会小很多，不用担心接下来的拍摄和采访过程中自己的形象会出问题。吉吉和凯莉她们的专业团队会提前做好每一个环节的形象设计，不管是拍摄、媒体采访、现场直播，还是那种非正式的访谈，他们都会考虑到。

不过那次和凯莉合作的过程中发生了一个小插曲，当时凯莉正在打电话，她的助理抓拍了几张，然后大家仔细看了看拍出来的照片，立刻感觉到有什么地方不对劲。原来，那天她穿了一件半透明的上装，里面穿的文胸是黑色的，从照片上看，黑色的文胸一览无遗！穿着这样的衣服拍宣传照是肯定不行的！虽然明星知道穿什么样的衣服好看，但是镜子里看到的模样和照片上的真实效果很可能是截然不同的，那种半透明材质的衣服尤其要当心。

不过还好，因为我们就在韦斯特菲尔德购物中心，所以让一个助理立刻去买一件隐形文胸就可以了。很快，助理气喘吁吁地跑回来了，手里拎着个购物袋，脸上一副大功告成的喜悦表情。我们打开袋子，把衣服拿出来，可尺寸竟然是32A！好吧，不是她的错，我们刚刚没问凯莉穿几号的，可是你看看凯莉丰满的身材，32A？开什么玩笑？

于是助理涨红了脸，立刻转身回去重新买，这次终于买对了。衣服换好后，我们用手机又拍了一些样片，大家都觉得效果不错，非常开心。虽然这件事耽误了大家半个小时，但是这就是需要注意的细节问题，细节决定成败，内衣也很重要！

上午的拍摄结束后，凯莉回到酒店小睡了一会儿，然后重新化妆，准备下午的活动。这种重新化妆可不是我们通常理解的补点粉或者再涂几笔口红，而是完完全全的卸妆之后重新化妆，前后要两个小时。正是这种对承诺的重视和对细节的关注，塑造和维护了凯莉的形象。整件事情让我有种顿悟的感觉，凯莉和她的团队确实做得非常完美。

与这种极度爱惜自己形象的顶级明星近距离接触和合作让我学到了很多。我也很喜欢凯莉穿的那些由设计师量身打造的服装。有一次她穿的是英国设计师大卫·科马设计的黑白两色长裙，此前我见过凯莉的妹妹肯达尔和吉吉也都穿过大卫设计的衣服，这引起了我的兴趣。我查找了一些他的资料，找到并试穿了几件他设计的服装，立刻就被吸引住了：那些衣服很适合我的身材，让我感觉很自信。于是，我就去大卫在伦敦东区的工作室找他，我们成了很好的朋友，而且你们猜怎么着，在2016年12月的一场时尚颁奖典礼上，我穿着他设计的时装，和他一起走红毯！

我的意思不是说非得有一大群化妆师、发型师等跟着你，**我想要表达的重点是你需要意识到自己的外在形象很重要，这能够直接决定你的品牌推广宣传能否成功。**此外，拍照的背景选择也很有讲究，如果你本人看起来光彩照人，但是背后是一张堆满了脏衣服的乱糟糟的床，那么这种照片不如不拍。当然，我们现在谈的重点是如何塑造你的形象。

要明白衣着的重要性，穿对了，离成功就更近一些。不要光以现在的状态确定日常的穿着，要以你心中的目标状态为标准确定自己的衣着品味。如果你仔细分析那些明星的日常衣着，你就会发现，她们在任何时候看起来都是那么完美，她们没有松懈的时刻，她们的衣着和发型、妆容是一体的，这个整体形象是通过长时间的不懈努力才塑造出来的。

她们各自的与众不同的风格让她们都有很高的辨识度，这就是她们的个性签名，也是粉丝喜爱她们的原因。

塑造个人的形象不是一件容易的事，需要花费很长时间，做很多尝试，自然也会遇到不少挫折，但是，所有人都是这么过来的，那些大明星也不例外。这是一个不断探索的过程，你要从各种选择当中寻找最适合你和你的品牌的那一种。

比较理想的状况是你自身具备某种鲜明的特征，或者有这方面的潜力，走到哪儿你都能吸引别人的目光。以凯特·摩斯为例，她始终给人一种颓废感，喜欢混搭，经常穿低腰牛仔裤、长筒靴、宽松懒散的上装和豹纹皮衣等。她的发型始终很随意，给人一种“我就是要自由自在”的感觉，而且她的妆容特点就是给人看起来像是没有化妆。

金·卡戴珊的穿着就是另外一种截然不同的风格了，她无论什么时候看起来都是光彩照人，紧身的衣服让身材曲线毕露，而且经常加入透明和开衩等元素加以修饰。此外，她的发型和妆容也总是无可挑剔，近乎完美。这些明星在日常工作和生活中都极其细心地维护她们的形象，保持风格的前后一致性，只是偶尔做一些细微的变动。

你可以先从新的发型开始，尝试染一个新的发色，同时在服装的选择上也要大致固定一种风格，并选择一种颜色基调。然后就是化妆，这可能要多尝试几次，看看哪一种妆容最适合你，要知道每个人都很特别，这世界上没有第二个你，你要发掘最适合自己的独特性的东西！虽然不是每个人都有实力登上杂志的封面，但是你可以充分发挥自己的长处，而且如果设计得好的话，缺点也完全可以转化为优点。

脸上雀斑很多？那就宣传而不是掩饰，把雀斑变成你独有的可爱特征。个子太矮，一米六都不到？没问题，让别人看看你娇小身躯中隐藏着的巨大能量。门牙中间有条缝？那就干脆咧开嘴巴大笑，摆一个作势欲咬的造型，把它当作你的宣传照……**要做你自己，影响别人，不要单纯被别人影响。做独特的自己，就要有与众不同的想法，更要做与众不同的事。**

在过去的几年里，我的造型已经有了很大的转变。

在日常工作中我是“美女企业家”形象，在参加各种典礼和晚宴时我也能迅速转变风格。我之前并没有意识到需要始终保持完美的形象，因此也付出了不少代价。曾经我的衣柜总是被塞得满满的，其中有很多衣服根本就没有穿过，还有一些应该再也不会穿了，因为实在太丑，给我留下了心理阴影，我都不知道当初为什么会买它们。那时候我还经常不修边幅就出门，但偏偏总是会撞见一些我想要给对方留下好印象的重要人士。甚至有一次我完全什么准备都没做就去出席一个庆典，看起来一副疲惫不堪的样子，因为我刚刚结束一天高强度的工作。当我到了现场，偏偏还有一大群记者围着我拍照！当时我恨不得找个地洞钻进去。

也正是在那个时刻我意识到，美丽的形象和成功的事业应该是合二为一的。

那么，我是怎么做的呢？

第一件事是整理我的衣橱。实际上，整理衣橱不像很多人想象的那么容易，尤其是对于我这种什么都想买又什么都舍不得扔的人来说。但是，衣橱必须清理，要选出适合你的衣服，然后把剩下的都扔掉。

在清理的时候要始终想象你穿什么最好看，为自己设计一个美好的造型。首先我要确定我的基本穿衣风格。我最喜欢深色调的衣服，深色有较强的整体感，因此我经常穿黑色服装。其次我也很清楚什么样的裁剪适合我的身材。我对我的四肢比较满意，但是拿肚子上的赘肉没有办法，所以我尽量不穿低腰剪裁或者其他突出腰部曲线的服装。我比较喜欢穿只显现部分腿部曲线的衣服，同时搭配一双凉鞋或者其他能够衬托小腿曲线的鞋子。

我把衣橱里各种亮色的连帽衫、啦啦队裙和珍藏多年的杜兰杜兰乐队1987年巡回演唱会的文化衫等全扔了，一下子感觉衣橱整洁了好多。其实我一直知道自己该穿什么样的衣服，我只是缺少那种逼迫自己每天都收拾一下自己的自律。那么，如何塑造个人形象呢?

1.根据自己的身材选择穿衣风格，突出优点，遮盖不足，不要机械地追求流行，别人穿着好看的衣服未必适合你。

2.关注流行的同时还要思考：这件衣服适合什么场合穿？买那些你日常工作和生活中一定会穿的服饰，而不是那些必须在某个特别场合才能穿的服饰。买之前还要问问自己：这件衣服我能不能至少穿5次?

3.在社交媒体上进行搜索，从那些明星身上寻找灵感，加以模仿。建一个文件夹，把你喜欢的衣着、服饰搭配等图片都放进去。

服饰和化妆很重要，日常的细节护理同样不容忽视，比如脱毛和美甲。如果衣服光彩照人，但是胳膊一伸出来就看到浓密的汗毛，手指甲也脏兮兮的，可想而知会是什么效果。你就是你的品牌的形象代言人，做好个人的日常护理就是你的工作之一。所以，要像开例会一样计划日常护理，并且一直持续下去。可以早起一个小时，或者利用周末的时间，总之要合理利用你的时间。如果能够做到这一点，你就能始终给人完美的印象，也不用在突然要出席一个重要活动前手忙脚乱地找人帮你脱毛和美甲。

根据个人需求和经济实力，可以选择不同类型和档次的个人护理方式。我会去固定的美甲店，很普通的那种，普通的美甲店不像有些店搞很多噱头。我也有比较固定的技师，每个周末我都会提前预约，去那里做手指甲和脚指甲。关于头发护理，我的习惯是每个季度剪短一次，每6个星期染一次。我也很喜欢人工日光浴，把皮肤晒成褐色，但是去那种专业的喷雾晒肤护理店做皮肤实在太费时间，所以我通常都是周日晚上在家自己做，这样在接下来的一个星期我就能以一身充满健康气息的褐色皮肤迎接任何庆典和拍摄活动。

化一个当前流行的妆也很容易。你可以上YouTube，上面有很多教程；你也可以去各大商场的化妆品专柜学习，比如去哈维·尼克斯找我们柔黛专柜的工作人员，她们会根据你的面部特征为你选择合适的妆容，并教你怎么操作，我们在全球的专柜都提供这样的服务。我之前提到过，我们的目标是让所有顾客都可以在家里用几分钟的时间轻松搞定化妆，这是柔黛专柜所有工作人员的服务规范。

其实在现在这个年代，让自己衣着迷人、细节得体，并不需要多少经济上的投资，最关键的是看你有没有坚持的毅力。假如需要的话，你可以把这项投资看作品牌建设的一部分，而不是个人享受。所以，你也可以每次都开个发票，把这项投资算到公司的成本里。

一夜成名

秘诀之十三

塑造形象的重要性

外表是你个人形象塑造的一个重要部分。或许你会想不通，觉得最重要的是关注事业，穿着上只要舒适就可以了，过分注重外表是浪费时间。没错，重点当然是事业做得怎么样，但是，干净的外表能让你走得更远。人靠衣装，第一印象很重要，无论你是要开拓新的市场、会见潜在客户，还是和一个作家、博主闲聊喝咖啡，你都应该让自己的形象成为加分项。塑造形象首先要做的事情就是把你的衣橱收拾好。

下面是我整理衣橱的10个心得：

1.为自己规划一个整理衣橱的时间段，腾出几个小时的时间，整理的时候可以放一些欢快的音乐，还可以点一支香熏蜡烛。

2.先把衣橱里的东西分类，如衣服、配饰、鞋子、包包和内衣等，所有东西都要清理出来。

3.将所有东西都分为三类。

第一类是“喜欢”的，就是那些你不仅经常穿，而且穿上让你感觉非常好的衣物和配饰。

第二类是需要“调整”的，主要是那些看起来不错，但是需要在尺寸、式样、搭配等方面做一些细微改变的。

第三类是需要“扔掉”的，包括那些一时冲动买了之后就没用过、好几年没穿的以及已经穿坏了不能再穿的。

对于一些比较贵重的衣物、配饰，假如不需要且还基本完好，那么可以考虑放到二手物品售卖网站上交易，或者捐给当地的慈善机构。

4.买一些新的衣架。我自己很喜欢那种细细的黑色天鹅绒衣架，这些衣架看起来很特别，也让衣服显得更有档次。将衣服按上衣、裙子、裤子、衬衫等进行分类摆放，衣橱里可以放几个薰衣草香囊，这样整个衣橱会有一种清香的味道。

5.检查一下你所有的鞋子，根据需要拿给鞋匠做调整或者修补。我习惯于为我的很多鞋子再加一层橡胶鞋底，这样既能起到缓冲的作用，还更耐磨。

6.将当季需要穿的衣服放在最前排，把过季的衣服全部装进大塑料袋里，放到其他地方去储存。衣橱的空间很有限，只该用来存放你现在可以穿的衣服。

7.尝试不同的搭配。你可以为同一件上衣搭配各种不同的裤子、鞋子、外套和配饰，选择你觉得满意的搭配，可以拍照保存下来，方便以后穿着时参考。

8.列一个清单，看看你的衣橱里还缺哪些东西。虽然我们不需要每个季度都把衣橱里的东西全换掉，但是可以时不时买一些潮款新品，让自己跟得上潮流。

9.多上网搜一搜比较适合你的东西。我喜欢在网上购物，很快、很方便，能够迅速找到自己想要的衣物。如果时间允许或者想要寻找灵感，我也会去逛一逛实体店。

10.每个季度清理一次衣橱，确保里面的衣物当季、整洁，能够随时为你提供最好的服务。

十四

元气满满每一天：

咖啡、糖及其他

经常有人问我这样的问题：你如何保持旺盛的精力？是什么支持你每天从舒适的被窝里爬起来？作为一个企业家，每天要应对那么多的挑战，你的能量来源是什么？等等。

我不能撒谎说这一切很容易，因为一路走来确实克服了诸多困难。我也必须说明，我不可能每时每刻都充满激情，有时一切都很顺利，自然感觉春风得意，但也有诸事不顺的时候，当时好像整个世界都在与我为敌。那时候我甚至会对自己所做的事业产生怀疑：为什么我要做这件事？假如我现在放弃，去做一个小小的售货员会不会更好？这样就没有任何压力，面前的所有问题一下子就全没了，那感觉多好。或者，我可以改名换姓，找个风景如画的沙滩，专门为来往游客做手链，这种生活多简单。我估计很多做实业的人都会有类似的想法。也可能他们想的不是卖手链，而是其他东西，不过大致就是这个意思，你懂的。

我们会经常怀疑自己的初衷，这很正常，重要的是一定要给自己坚持的理由。通往成功的道路不可能一帆风顺，你面前自然也没有坦途，想要干事创业的人不计其数，只有那些坚持到底的人才能够获得最后的成功。

对于绝大部分的公司雇员来说，你需要做的就是每天按时上班，听从老板的指令。你的老板可能会给你激励，让你成长，也有可能只是惹你不快，让你厌烦。但不管是哪一种，你都没有压力，因为承担责任的不是你，天塌下来有别人顶着，只要你没犯错误，你就可以每天5点准时下班。在我看来，有很多人也确实就是这么干的。如果你觉得这份工作做得有点无聊了，或者觉得老板有点烦，想换个新的工作，完全可以拍拍屁股就走人。

但是，你，没错，我说的就是正在读这本书的你，可不要这么干。既然你拿起了这本书，想必你不愿做这样的人，你的心底有挑战自己的欲望。**作为一个创业者，你绝不可以得过且过，你是领头人，你有一个团队等着你领导、指导、激励，你将带领他们走向成功。**

带领团队向前走是你的职责，没有人会替你做这件事。在创业的头几年，你会有比较大的干劲，自我激励也比较容易，因为成长期间的每一个小小的成功都会让你很激动。每天当你来到公司，你思考的都是“我今天该做些什么才能让公司继续生存下去？”，在公司初创的那段时间，真的可能每一天都关系到公司的生死存亡，而这也能给你动力，让你每天为自己鼓劲去创造奇迹。

熬过了开始的几年，公司业务逐渐稳定下来，你有了一间办公室，手下有了稳定的团队，一切开始按部就班。按部就班是个好兆头，表明公司业务运行平稳，有固定收入，不会大起大落，没有突然倒闭的危险。

对于你来说这其实是个很危险的时点，因为你需要让你继续前进的动力。你需要不断地问自己：当初为什么要做这件事？一路走来有多少值得回忆的时刻？告诉自己要坚持，初心不改，方得始终。

一开始我并没有意识到这个问题，过了好几年我才意识到激励自己和鼓舞团队的重要性。创业初期，每天早晨我都需要一点能让我振奋精神的东西。公司附近有一家星巴克，每天早晨我都会排队去买一杯超大的豆奶卡布奇诺，外加一个杏仁奶油羊角面包，每天如此，这已经成为我生活的一部分。我严重依赖每天早晨摄入的糖分和咖啡因，用时下流行的话讲就是靠它们“续命”，有了它们，我才能元气满满地完成当天的工作。

后果是，我的体重开始增加，而且到了下午三四点就开始昏昏沉沉，于是只好继续补充能量。

我的能量就是甜食，于是我们就多了个下午甜点时间，有时候是杏仁奶油蛋糕，有时候是红绒蛋糕，有时候我们在办公室自制巧克力小饼干。

甜品让我欲罢不能，虽然给了我能量，但是也给了我很多赘肉。摄入的糖分越多，我就越感觉迟钝，于是就需要更多的糖分，这似乎形成了一个恶性循环。

虽然公司的各项业务发展完全走上了正轨，但是我对糖分的依赖越来越严重，我意识到了问题的严重性，这个问题急需解决。糖瘾必须戒掉，我不能把自己的力量来源完全建立在对这种营养成分的依赖上。

戒除糖瘾的过程很漫长，也很痛苦，但是我勇敢地迈出了第一步。我加入了健身俱乐部，每天早晨一杯蛋白粉加果汁，把甜面包换成了坚果餐，把以前天天喝的额外加糖的豆奶卡布奇诺也戒了，换成了有机意式咖啡，下午的咖啡也改成了无咖啡因的。这样做的效果虽然不错，但是我早晨却再也没有那种激情满满的感觉了。我该怎么办?

晨起锻炼给了我新的激情。

运动对身体健康的好处不用我说，大家都知道，我想说的是运动对于精神状态的影响。清晨运动后体内产生的内啡肽能让我们身心愉悦，保持清醒的头脑，有助于完成一天繁忙的工作。

运动也会上瘾，曾经有一段时间我喜欢上了晨跑。如果在工作中遇到了什么问题，我会在晨跑的时候思考如何解决，而在跑步的时候也经常会想到一些新的创意。我会把这些收获在跑步结束后立即通过邮件发给我的团队，这样他们一上班就能够看到并行动起来。那段时间我每天都期待着第二天一早的跑步，所以晚上总是早早就上床休息。

晨跑时间就是我的最佳思考时间，晨跑也是我摆脱糖分依赖的疗法，效果非常好。不过冬天的时候温度很低，天也很晚才亮，这个时段坚持跑步的难度有点大，我自己也很难坚持每天都跑，更不可能在天还没亮的时候在外面跑步。但是，一年的大部分时间还是可以做户外运动的，晨跑之后我感觉一身轻松，可以愉快地开始一天的工作。

对于运动，最关键的是找到自己喜欢的类型。

不要逼着自己去做某项自己并不喜欢的运动，要从心底热爱它，我们不仅要朝着六块腹肌或者人鱼线努力，心理上也要享受这个过程。运动的方式太多了，所以让很多人选择困难。我们可以去户外跑步，可以去报舞蹈班，可以去健身房举铁，做瑜伽和普拉提也是很多女生的最爱。YouTube上的在线锻炼视频更是多得数不清，如果时间和经济实力有限，也可以通过手机上的App在家自己练习。而且，运动因人而异，出去遛遛狗，甚至在公园的长椅上坐一会儿看看蓝天、白云都能给人带来极大的愉悦。找一个适合你的运动，把它变成你生活的一部分。

不过，喜新厌旧是人之本性，在运动方面也是如此，跑了几年步之后，我现在转到室内的健身房了。我觉得瑜伽不错，不过不会经常练，因为我认为一定要做一些能够燃烧卡路里、提高心肺功能的运动。我做瑜伽的目的是拉伸肌肉，同时整理思绪。比方说，我在工作中遇到了一件比较烦心的事，瑜伽能够让我迅速平静下来，并快速找到解决的办法。我做瑜伽完全是出于调节情绪的目的，因此时间上从不固定，但是效果相当不错。

很多人可能会说："我现在的工作和生活已经让我疲于应付，哪里还有时间让自己放松和锻炼？"我认为每天早起一个小时很有必要，可以完成和规划很多事情。我自己的起床闹钟就是5点50分，起床后我会花10～20分钟冥想，在这个过程中把一天的工作规划好，然后去附近的一家健身房，我的健身课从7点15分开始。我觉得从健身的时间段来看，上班前健身要比中午或者下班后健身好，因为我个人的经验是中午或者下班后经常会有很多其他事情，于是你很自然地就会给自己找个借口，不去健身了。

如果真的无法早晨锻炼，那么一定要确保挤出一些时间锻炼，把它设定为你日常生活的一部分。在我的日程表里，运动和开会同等重要，都占有一席之地。那么，我是不是每次都能全身心地投入锻炼呢？那倒也未必。有时候我只是按照我的日程安排出现在健身房，因为仪式感也很重要，哪怕你不能练得大汗淋漓，简单地热热身也能让自己有满足感，这就是我坚持去健身房的原因。

很多年前我就听说过冥想，但是当时我认为那只是佛教信徒和一些追求特立独行的人做的事。不过现在时代不同了，我也改变了对冥想的看法。这几十年来，冥想已经普及了，人们可以通过手机App和网站进行了解和学习。

我在一个叫Headspace[1]的App上进行了注册，其主要内容是关于冥想。它里面有很多主题，包括通过冥想帮助人们集中注意力、激发创造力，或者应对负面情绪，等等。也就是说，这里的冥想不是以前我们看到的那种单纯地坐在那里眼观鼻、鼻观心，而是会有一个声音引导着你，带着你去思考某种东西，或者消除某种东西，帮助你进入一个心外无物的状态。我每天清晨起床后会做10分钟的冥想，这是我每天醒来后做的第一件事。假如工作实在太忙，连睡眠都被打乱，那么我会选择在车上或者飞机上冥想。我只要戴上耳机，再戴一副遮住半边脸的大墨镜，然后在手机App上选一个主题开始聆听，我就慢慢进入放松的状态。

冥想对我们有什么好处?

1.冥想可以帮助我们应对各种困境。作为一个干事创业的人，你会遇到各种各样的问题，而且这些问题十有八九是和人有关，可能是你手下的员工，也可能是供应商，或者是你的合作对象。通过冥想，你可以让自己以一种非常平静的心态处理问题，就好像你正在帮助别人分析问题一样。自从我开始冥想以来，我发

① 一款专注于冥想的产品。

现我基本上不会再意气用事，会站在一个旁观者的角度来看待我所面临的问题。

冥想教给我一个道理，就是我的目的并不是要去吵赢某个人，而是要用最平静的心态和最合适的方法去解决某个问题。能做到这一点让我很有成就感。

2.冥想让一切尽在掌控之中。在公司遇到困难的时候，你的下属都会看着你，等你的命令，他们需要知道你有意愿也有能力带领他们走出困境。通过冥想让自己保持冷静，清醒地掌控一切，是一个优秀的领袖应该具备的素质，唯有如此方能得到下属的尊敬，让他们心甘情愿地跟着你。

3.冥想帮助我们坚守初心。很多时候我们会迷失方向，忘记自己要做什么，而冥想能帮助我们始终明确各个时期的目标，不管是明天还是下周、下个月还是未来的一年。每天花几分钟的时间回想一下自己的初心，是什么让我有今天的位置？我的前进动力是什么？很多时候，我们的初心其实并未改变，只是周围的嘈杂声太多，让我们觉得困惑，从而迷失了方向，也失去了让自己快乐的源泉。每天清晨的几分钟能够让你焕然一新，信心满满地开展一天的工作。冥想对我来说非常有效，是我每天清晨的必修课。

一夜成名
秘诀之十四

应对压力

如果事业有成，那么作为一个企业家，一个品牌的领头人，你周围的每个人都会对你有需求。你的员工、顾客、供应商，当然还有你的家人。所以，你会觉得有太多的事情要做，时间永远都不够用。你会被事情追着跑，各种各样的问题会如潮水般向你涌来。

随着压力增大，你会到达一个临界点，感觉自己已经支撑不住，很快就要崩溃。不仅精神上会出问题，你还会觉得身体不舒服，皮肤变差，头发干枯，体重增加，甚至可能会暴饮暴食。虽然你知道这样做其实有害无益，但是你还是希望从饮食中寻求暂时的安慰。甚至你还可能会做一些饮鸩止渴的傻事，忘记自己最应该做的是从根源上解决压力问题。

那么，如何解决压力问题，把自己从崩溃的边缘拉回来呢？

关键在于改变生活的重心，不让其他的人和事成为你生活的全部。重启生活，做你自己！你是你自己的世界的主人，你要找到调节的方法，让自己专注于当下，不要为还没有发生的事情担心，更不需要杞人忧天。应对压力的方法因人而异，不管怎样都需要信心和毅力。

下面是我对于如何应对压力的5点建议：

1.爱惜你的身体。生长在现在这样的文明社会，各种各样的健康食品和减肥食疗方法铺天盖地。我不是要给大家推荐什么绿豆汤和烤红薯，我只想告诉大家：食物是身体的能量来源，吃得好，身体才能好。在皮肤护理上，我们会用抗氧化物来减少自由基的产生；同样，富含抗氧化物的食物也能帮我们更好地应对压力。

众所周知，水果、蔬菜、谷物和各种富含精益蛋白质的食物对身体很有好处。如果你觉得情绪低落，浑身乏力，提不起精神来，那么我建议你喝一杯果蔬汁给自己增加能量。喝一杯奶茶或者吃一块蛋糕虽然也能获得即时的满足，但是这样的做法对身体无益。

关于减肥食疗顺带多说一句，我认为这种做法会破坏你的免疫系统，有损身体健康。因为节食减肥很容易反弹，坚持几天之后极有可能走向暴饮暴食的另一个极端，增加体重。另外，那种吃任何食物之前都要计算一下热量的做法也是极其错误的。我们不能剥夺身体对能量的需求，饥饿是身体给我们发出的信号，收到这样的信号我们就需要吃东西。

尽情地享用那些富含脂肪的健康食物，比如油性鱼类和坚果。这些食物不仅让人感觉愉悦，也能给身体提供必需的营养。此外，富含蛋白质的食物也要经常吃，它们有助于增加肌肉含量，让人充满活力。

2.科学制订计划清单并逐项完成。每天早晨列出一张清单，做的时候对账销号，一天工作结束时看着一张全部完成的清单会让我非常有成就感。最棘手的事情放在早晨或者星期一做，周一的上午效率最高，那时候头脑最清醒，解决问题的意愿也最强。接下来解决那些比较琐碎、烦人的事，最后心无旁骛地处理那些你比较喜欢的、战略性的事务。

再说一个你或许感兴趣的小细节：我习惯于用那种很漂亮的便签纸和不同颜色的记

号笔做日常工作清单，这样可以让工作事项看起来活泼一些，不至于让人感觉很乏味。

3.注重休息，劳逸结合。没有人能整日整夜工作还有好的状态。休息和工作一样重要，而且能够帮助我们缓解压力。其实，真正意义上的休息是指让身体处于一种静止状态，同时让大脑和身体真正平静下来。看电视、用电脑或者刷手机其实不是休息的好方法，因为大脑仍然处于很活跃的状态，还在思考。

不过我自己也是这样，一天的辛勤工作结束之后，我也很喜欢看看喜欢的电视节目，或者打开手机上的社交媒体，看看今天有什么有趣的事。

睡觉很重要，尽量早一点休息。如果能早一点入睡，就能早一点进入高质量的睡眠状态，第二天早晨就能有充沛的精力。而如果睡眠时间不足或者质量不高，就会感觉疲惫，注意力难以集中，很可能倾向于用垃圾食品来刺激自己。因此，工作日的时候要确保高质量的睡眠，周末的时候偶尔也可以睡个懒觉，放纵一下。

4.多与人交流。我所说的交流不是说让你整天泡在社交媒体上，我的意思是你要对交流的对象有所取舍，择其善者而从之。要选择与那些对我们能产生正面影响的朋友相处，和他们聊天，给他们打电话；有一些朋友以前因为一些事情有过交集，但是现在没有了，那么这些人也不必刻意去联络和维护；至于那些浑身充满负能量的人，一定要敬而远之。

良好的人际关系能减少压力，有助于日常工作的开展，也能让你更开心。

5.多亲近自然。珍惜所有你能够和大自然亲密接触的时光，去公园或者湖边、海边走走。我自己尽量每个周末去公园散散步，这有助于我整理思绪，缓解一周工作的压力。我散步的时候偶尔还会想到一些解决工作难题的好办法，可谓无心插柳柳成荫。不过，千万不要把散步当成解决问题的方法，若是这样就把休息变成了工作，更增加了压力。你可以牵着你的狗一起散步，没有的话可以考虑养一只，人与自然的和谐对于现代人来说很难得。散步的时候假如能把手机关掉就更棒了，这说起来容易做起来难，不过可以尝试一下，每周规划一小部分时间让自己远离手机，远离社交媒体，远离一切和现代科技有关的东西。

运动也是生活的一个重要组成部分，我

再和大家分享一些我对于运动的体会。

1.在运动装备上要做必要的投资，比如说衣服要美美的。试想一下，如果你穿着旧汗衫或者普通的T恤衫去健身房锻炼，那种感觉肯定不好。让自己愉悦本来就是运动的目的之一，所以穿得漂亮能让自己对健身有更大的兴趣。我每个季度都会买几件健身时穿的衣服，并且扔掉那些不会再穿的。人靠衣装，健身的时候也不例外。

2.寻找适合你的健身房和健身课程。现在手机上的地图软件可以告诉你附近有哪些健身房，查找起来很方便。尽量多尝试一些健身方式，让自己有新鲜感。固定做某种健身运动一段时间之后，你的身体就会逐渐适应这一种运动，会感觉乏味。此外，健身的时候也要注意各种方式的结合，虽然锻炼心肺功能的大运动量活动对身体健康很有益处，但是弹性带、TRX悬挂等方式也很有用，可以当作运动前的热身和运动后的拉伸，避免肌肉拉伤。找到适合自己的健身方式应该不难。

3.选一个离家近的健身房。方便是坚持的重要因素，如果你要开车十几分钟才能到达健身的地点，那么很可能坚持不了多久。我通常会选择一个走路几分钟就能到的健身房，现在健身房很多，因此这样的选择并不困难。我们经常会遇到情绪低落、不想去健身的情况，我想每个健身的人都会有这样的经历。每当此时，我还是会穿上我最喜欢的运动服，走到健身房。当我开始健身，跟随着运动音乐的节奏和教练的指导，我仍然能够坚持下来。哪怕不能完全达到健身的效果，至少也要出现在健身房，这种仪式感很重要，绝不能躺在家里，等着自己有强烈健身欲望的那一天才出发。

4.不要办那些超贵的会员卡。要找那种按照次数收费的健身房，这样比较灵活，如果觉得不合适也可以随时更换地点。

近年来健身房的乱象有明显改观。以前，健身房发展会员的行为很为人诟病，不仅有天价的会员费，每个月还要额外付钱，而付了钱的会员其实去的次数非常少。那些合同条款也都是圈套，钱一交就是一年，想要中途退出都不行。对那些用合同陷阱骗人的健身房充满憎恶是我此前很少锻炼的原因之一，他们不是在劝人健身，而是拉人入坑。

不过现在好多了，很多健身房都可以按次收费。随着网络平台载体的发展，我们还可以通过手机上的App选择附近的健身房，手指轻点一下就能预约健身课，真的是非常方便。

5.在早晨意志力最强的时候锻炼。从我个人的经验来说，清晨锻炼是最合适的，在你为自己寻找任何借口之前，先把锻炼身体这件事情给完成了。把健身和会议一样安排在自己的日程当中。健身、沐浴，打造出个人最美丽、最帅气的形象，然后去上班。接下来的一天都不用再考虑健身的事情，而且最关键的是运动带给你充足的活力和昂扬的斗志，帮助你应对一天的辛勤工作。当然，如果你习惯于晚上健身，那也完全没有问题，最重要的是持之以恒，不要半途而废。

6.我习惯于每天健身之前喝一杯意式浓缩咖啡，我不知道从医学的角度上分析这样做是否合适，但是，这对我很有效。刚刚起床的时候我需要一些让自己迅速提起精神的东西，而菊花茶之类的饮品显然达不到这个效果。当然，具体方式因人而异，每个人让自己进入状态的方式可能各不一样。我听说有人会穿着运动服睡觉，这样他们第二天一早醒来的时候说服自己去运动的可能性会更大。这种方法说实话我觉得有点扯。有些人会在运动前喝一杯鲜榨橙汁，或者是蛋白质奶昔。总之，适合自己的就好。

7.在社交媒体上分享你的健身计划。这就是通常所谓的立个目标，这样你的朋友和粉丝会监督你、鼓励你，你既然做了承诺，就不能让大家失望。当你在朋友圈发了一张自己在健身的照片，收获了很多点赞时，你就会感觉得到了朋友的称赞，这能激励你坚持下去。

8.及时更新你的健身音乐。我喜欢的音乐能让我在健身的时候更投入，如果是我不喜欢的、节奏不对的或者已经循环播放了太多遍的音乐则会影响我的健身效果。在上舞蹈课的时候我就有过这样的经历，背景音乐如果是我喜欢的，我就能够百分之百地投入；如果是我不喜欢的，我就会觉得煎熬，只希望快点结束，健身的效果也就可想而知。可以去网上找一找适合健身时听的音乐，而且记得随时更新。

9.奖励自己。奖励自己的方式有很多，可以是完成一周的健身任务之后来一顿饕餮大餐满足一下，不管是油炸食品还是蛋糕、奶油、巧克力，当然最好还是悠着点吃。也可以是为新练出来的体型搭配一条牛仔裤，或者是在朋友圈里发一张自己的六块腹肌自拍照。买一套健身时穿的新衣服也是不错的选择，可以促进自己继续坚持下去。你付出了很多汗水，收到了应有的效果，适当奖励一下自己是应该的。

10.要有毅力。此前在关于创业的部分我一直强调毅力的重要性，成功源于对无数小事的坚持，在健身上同样如此。唯有坚持才能获得最后的胜利。一旦你开始找借口缺席了一次，你就会三天打鱼两天晒网，最后彻底放弃。所以，哪怕不在状态，也不要轻易缺席，你只要出现在健身房，完成规定的动作，就能为下一次的完美训练打下基础。毅力是成功的关键。

十五

有志者事竟成

创业刚开始的几年我都是在家里办公，当我第一次拥有自己独立的办公室时，我才感觉所做的事情终于得到了回报，柔黛这个品牌才变得那样真实。

刚开始的时候，支持我和我的团队每天继续走下去的只有信念，每天我们打招呼的时候说的都是“有志者事竟成”（make it happen），我们终于做到了。我做了个牌子，刻上了这句话，把它挂在办公室的墙上，每次换办公室，这块标牌都跟着我，我的员工会看见，供应商会看见，每一个到我办公室的访客也都会看见。

在柔黛的Twitter和Instagram账号上，我们会以此为标签发各种状态，“有志者事竟成”相当于我们的宣言。

创业初期我遇到过很多困难，比如投资人对我没有信心，觉得我的产品没有前途，客户不接我的电话，朋友也不看好我，等等。这就是创业者必须上的第一课：即使所有人都怀疑你，你也要坚定地相信自己。

上学的时候，我从来就不是那种引人注目的漂亮女生，也没有过人的智商，成绩始终平平。每次应聘我也从来没有得过第一，还被炒过鱿鱼。

虽然创业并非我最开始的计划，也不是因为走投无路了才创业，不过我坚持了下来。这些年来，我看到过很多美妆品牌起起落落，很多人都是挣扎了几年之后终于在困难面前低头。

简而言之，如果你的目的是一夜暴富，那就别创业。刚开始的5年里，我自己是不拿工资的；5年之后我开始给自己发工资，但工资比前台的接待员还少。我把所有的钱都用于投资和再投资。如果自己创业，你也别指望工作会很轻松，生活会很悠闲，起早贪黑、熬夜是家常便饭，基本上没有周末。因为这是我自己的事业、我的梦想、我自己的公司，所以我没有把这些付出当成负担，当然也不是享受。至于假期，偶尔给自己放一两天假是可以的，长假就别想了，如果有一个星期不工作，我就会非常焦虑，浑身不自在。当你自己创业时，你必定面临一大堆难题，这些难题不会因为你放假而消失。

但是从另一个角度讲，做自己喜欢做的事情才能让自己真正开心。因为是自己的事业，所以会动力十足，创意满满，而且会选择一些有能力、有干劲的人和你携手共进。

如果一切重来，我还会选择这条路，因为我热爱这份事业，这是我创业的根本原因。因为热爱、激情，所以我才能勇敢面对并克服所有困难。激情不可能让你避免困难，但是能够帮助你坚持下去，让你重拾信心，勇敢面对。

如果你自己创业，会面临很多非难，很多人会打击你，嘲讽你，给你负面的意见，比如：这个行业竞争太激烈了，你一个人单枪匹马做不来，很多人都失败了，你会赔很多钱，你纯粹是浪费时间，等等。记住，别听他们的。

但是，要做到始终相信自己很难，我们会怀疑自己：我做得对不对？我能成功吗？我什么时候才能看见曙光？你会感到迷惘，给自己无数放弃的理由。

创业艰难，筚路蓝缕，你将遇到所有你能想象到的困难，你必须逼着自己往前走。成功不会来得那么快，而墨菲定律会常伴你左右——所有可能发生的坏事一定会发生。困难会一直持续，但是山穷水尽之后就会柳暗花明，胜利一定会接着到来。在创业最艰难的时期，我会稍稍后退一步让自己调整一下，提醒自己不要忘记当初的梦想。现在，一切都有了回报。

家人的支持很重要，所以记住，一定要让你亲近的人成为你的坚强后盾。我很感谢我的老公、儿子和其他一直坚定地站在我身边给我鼓励的家人，没有他们就不会有今天的我。一个稳定的家庭对事业至关重要。当你全身心扑在工作上时，你需要家人的理解和支持。在我决定创业之后，我和闺蜜在家闲谈、喝咖啡、开派对的好时光就一去不返了，因为时间有限，所以必须做出牺牲。当我决定全身心地投入我的事业、我的团队和我的家人时，其他东西就只能放弃了。

不过，没有多姿多彩的社交生活我也并不会后悔，因为我本身并不看重这些。我习惯于把所有的工作时间花在我的团队和客户身上，剩余的时间留给我的家人，与家人在一起是我最开心的时刻。生活就是要让你把日常的事情排排序，分轻重缓急，尤其是当你已经有了成功的事业之后，你更要明确你最该做的事情，并付诸行动。

我希望我的故事能够带给你愉悦，带给你追寻自己事业的启发。成功的路上满是艰难险阻，但是，只要你真心热爱你的事业，而且做好了付出艰辛努力的准备，你距离成功就只有一步之遥。

走向成功的5点重要的建议

1.找到你自己的激励点。每个人，包括我自己在内，都需要激励自己。真实的创业过程会很难，我自己也不是每天早晨起床时都激情满满的，我要给自己鼓劲打气。那么，如何激励自己呢?

我建议你找一些你很钦佩的人，关注他们的网络社交账号。登录YouTube观看一些励志的视频，听一些励志的演讲，寻找一些励志的人物，感受一下他们不平凡的创业经历。在当今这个年代，有故事的人很多，随处都可以了解到关于他们的经历，用心向他们学习。如果你认真了解了他们的经历，听了他们的建议，你就可以从中学到很多可以为你所用的知识。

我读过几本女性写的从白手起家到功成名就的自传书籍，发现读这些书就是一个不错的自我激励方法。我比较喜欢的有索菲娅·阿莫鲁索（Sophia Amoruso）的自传《女孩老板》（*Girlboss*）

和艾丽莎·利希特（Aliza Licht）所著的《留下你的印记》（*Leave Your Mark*），书中描写的她们的创业过程和所遇到的种种挑战很引人入胜。

2.不要害怕寻求建议。我觉得这一点非常重要，因为不管你从事一个行业有多久，也不管你已经多么成功，寻求和听取别人的意见和建议都是好事。听听别人怎么说不代表你不知道应该怎么做，所以不要把这当成难为情的事情。

很多时候听一听别人对于某件事的看法能给你很多启发，哪怕是喝咖啡的时候和朋友聊聊天，或者是组织一个小聚会和同事一起谈谈心。有句话叫当局者迷、旁观者清，对于你正经历的事情，局外人往往能为你指出你看不到的问题。对一件事情尝试着从不同的角度提出问题和解决的办法，是一种不可多得的能力，要朝着这方面训练自己。你不可能成为所有领域的专家，所以增加知识储备、寻找解决问题的方法很重要，多向业内的专家虚心请教。

3.无论如何都要相信自己。这听起来好像是理所当然的事，但实际上很多人难以做到。如果你都不相信自己，其他人更不会相信你！不管你做哪一件事情，你都是你自己最大的后盾。另外，要更多地展现自己的优势，而不要过分关注自己的缺点，因为这会让你不自信。不要拿自己同别人进行比较，虽然攀比也是人之常情，但是不管别人看起来多成功、多漂亮或者多聪明，他们每个人也都有你看不到的缺点。你是独一无二的，你也有别人没有的优点。

4.永远不要停止学习。如果你始终只是原地踏步，做这几年来一直在做的同一件事，那么你每次也只能得到同样的结果，不会有进步。你要不断挑战自己，学习新的知识，要与时俱进，密切关注各行各业的最新态势，参加各种论坛和研讨会，在线学习也是不错的选择。学习的方法是多种多样的，要走在时代发展的前列，逆水行舟不进则退，不要被时代抛弃。

要发现和引领潮流。比如说，在时尚或者美妆行业，我们需要时刻观看YouTube上的各种动态，分析和预测潮流的走向。这是一个自我学习、自我挑战的过程，唯有如此才能成就最好的自己。你会发现，那些成功的人绝不会说“我已经很成功了，这是我人生的顶点”等之类的话，他们会不断完善自己。人无完人，人生就是一个不断学习和进步的旅程。

5.永远以最完美的一面示人。我发现，当我自我感觉良好的时候，我的工作动力和创造性都会强很多。选几件你很喜欢的、让你感觉非常自信的衣服，将它们放在衣橱显眼的位置。我可不是要大家为了这个目的专门去买很多衣服，只是为了说明得体的衣着和美丽的妆容能让你自信心爆棚，给你最好的激励。而且，当你和潜在的客户或者合作伙伴见面时，你一定也希望把自己最完美的一面展现出来，给对方留下一个美好的印象。

加入创业大家庭

每个人都有自己的圈子，创业者也不例外。我们需要和一帮志同道合的人互相鼓励，拼搏奋斗。我自己每天都会从我身边的成功女性身上寻求灵感、汲取力量，读她们的书和博客，参加相关的交流会等。灵感是我们日常工作和生活中必需的一个重要元素，我希望你也能时刻拥有。

下面是几个网站，网站上有很多免费但是很有用的资源，建议你有空多看看，应该会有帮助。

和经营管理相关的网站有www.entrepreneur.com，www.inc.com和www.thestartupmag.com等；侧重于美妆和时尚品

牌的网站有www.fashionweekdaily.com，www.wwd.com和www.bof.com等；而品趣志（Pinterest）和Instagram则可以给人很多时装方面的启发。

登录www.mariahatzistefanis.com可以看到我的个人博客，还有演讲等活动安排。在www.rodial.co.uk和www.nipandfab.com上可以具体查看本书中提到的柔黛和NIP+FAB的所有产品。

我在Instagram和推特上的用户名都是@MrsRodial，在那里能够看到我日常发的所有状态和给粉丝的反馈。可以给我留言、提问，记得用#MrsRodial和#overnightsuccess做标签哦。

后　记
（致　谢）

感谢出版本书的伊伯里出版社（Ebury Press）的编辑凯里·史密斯和莉迪亚·古德，感谢你们在看了我刚写完一半的书稿后就给予我坚定的信任和支持，并时刻挥舞着小鞭子督促我尽早完工。也感谢你们在我被另外三家出版社拒绝之后给我机会，使得这本书可以面世。可见，要出书也不是件容易的事。

我要感谢我的丈夫斯特拉蒂斯，对于我写书这件事，别人都觉得我不行，只有他自始至终信任我、支持我。感谢肖恩·康宁在我写作过程中给予我的编辑指导和建议。感谢为我绘制封面图片的爱玛·肯尼，当我深夜醒来，为了图片细节问题无法入睡时，是她不厌其烦地用邮件和我交流，给我安慰。最后，我还要感谢我的柔黛和NIP+FAB团队的所有成员、我们忠实的顾客，还有做出骄人业绩的所有代理商，是你们给了我每天前进的动力。感谢你们。